VERGILII

AENEIS

LIBROS I ET IV

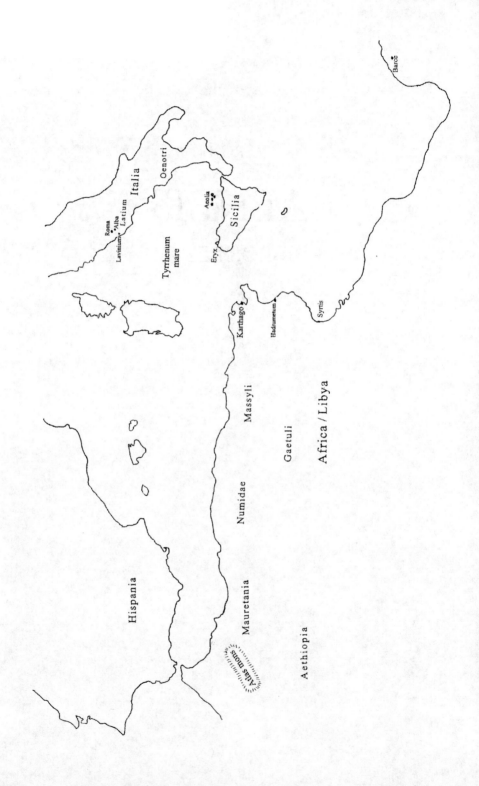

VERGILII

AENEIS

LIBROS I ET IV

AD VSVM DISCIPVLORVM EDIDIT
HANS H. ØRBERG
ALIQVOT VERSIBVS DEMPTIS

focus an imprint of
Hackett Publishing Company, Inc.
Indianapolis/Cambridge

Part of the
LINGVA LATINA
PER SE ILLVSTRATA
series

Aeneis Libros I et IV
© 2008 Hans Ørberg
Domus Latina, Skovvangen 7
DK-8500 Grenaa, Danimarca

USA Edition
Reprinted with permission in 2014
Published and distributed by Hackett Publishing Company with permission of Domus
Latina

Previously published by Focus Publishing/R Pullins Company

Focus an imprint of
Hackett Publishing Company, Inc.
P.O. Box 44937
Indianapolis, Indiana 46244-0937

www.hackettpublishing.com

ISBN 13: 978-1-58510-633-2

Printed in the United States of America.

19 18 17 16 15   2 3 4 5 6

RES QVAE HOC LIBRO CONTINENTVR

In margine pāginārum explānantur vocābula
quae nōn reperiuntur in librīs quibus titulus est
LINGVA LATINA PER SE ILLVSTRATA
I. FAMILIA ROMANA, II. ROMA AETERNA cap. XXXVI–XL

NOTAE

=	idem atque	*fut*	futūrum
:	id est	*gen*	genetīvus
↔	contrārium	*ger*	gerundium/gerundīvum
<	factum/ortum ex	*Gr*	Graecē
/	sīve	*imperf*	imperfectum
+	cum, atque, additur	*ind*	indicātīvus
—	syllaba longa	*īnf*	īnfīnītīvus
∪	syllaba brevis	*m*	masculīnum
ǀ	syllabae dīvidendae	*n*	neutrum
⌒	vōcālēs coniungendae	*nōm*	nōminātīvus
[...]	dēlendum	*pāg.*	pāgina
⟨...⟩	addendum	*part*	participium
a.C.	ante Chrīstum (nātum)	p.C.	post Chrīstum (nātum)
abl	ablātīvus	*pass*	passīvum
acc	accūsātīvus	*perf*	perfectum
āct	āctīvum	*pers*	persōna
adi	adiectīvum	*pl*	plūrālis
adv	adverbium	*praes*	praesēns
cap.	capitulum	*prp*	praepositiō
coni	coniūnctīvus	*sg*	singulāris
dat	datīvus	*sup*	superlātīvus
dēcl	dēclīnātiō	*sup I/II*	supīnum I/II
dēp	dēpōnēns	*v.*	versus
f	fēminīnum	*voc*	vocātīvus

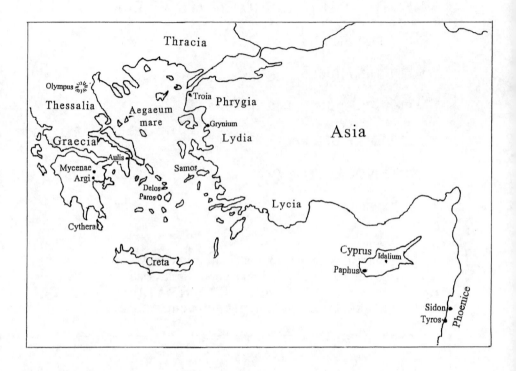

GENVS TROIANORVM

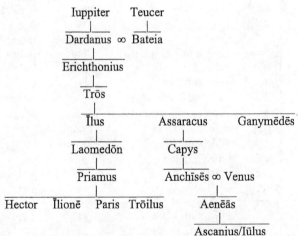

```
        Iuppiter    Teucer
            |          |
        Dardanus  ∞  Bateia
        _____
        Erichthonius
            |
          Trōs
        _____
        Īlus          Assaracus      Ganymēdēs
          |               |
       Laomedōn         Capys
          |               |
       Priamus        Anchīsēs ∞ Venus
  _____        _____
Hector  Īlionē  Paris  Trōilus          Aenēās
                                            |
                                   Ascanius/Iūlus
```

DE VITA VERGILII

Suētōnius (excerpta):

P. Vergilius Marō in pāgō quī Andēs dīcitur haud

procul ā Mantuā nāscitur Pompēiō et Crassō cōn-

sulibus īdibus Octōbribus.

5 Vergilius Cremōnae studiīs ērudītur.

Vergilius, sūmptā togā ⟨virīlī⟩, Mediolānum

trānsgreditur, et post breve tempus Rōmam pergit.

Servius:

Vergiliī haec vīta est:

10 Patre Vergiliō, mātre Magiā fuit; cīvis Mantu-

ānus, quae cīvitās est Venetiae. Dīversīs in locīs

operam litterīs dedit, nam et Cremōnae et Medio-

lānī et Neāpolī studuit. ...

Ortīs bellīs cīvīlibus inter Antōnium et Augus-

15 tum, Augustus victor Cremōnēnsium agrōs, quia

prō Antōniō sēnserant, dedit mīlitibus suīs; quī

cum nōn sufficerent, hīs addidit agrōs Mantuānōs.

... Āmissīs ergō agrīs, Rōmam vēnit, et ūsus patrō-

20 ciniō Pōlliōnis et Maecēnātis, sōlus agrum quem

C. Suētōnius *Tranquillus*, quī aetāte Trāiānī et Hadriānī vīxit, scrīpsit librōs *Dē virīs illūstribus* et *Dē vītā Caesarum* (imperātōrum)
ex-cerpere -psisse -ptum < ex + car-pere; excerptum -ī *n* = pars excerpta
Marō -ōnis *m*
pāgus -ī *m* = vīcus rūsticus
Andēs -ium *f pl*

[annō 70 a.C.]
Mantua -ae *f*, Cremōna -ae *f*, Mediolānum -ī *n*, oppida trāns Padum sita; *adi:* Mantuānus -a -um; Cremōnēnsis -e, *m pl* cīvēs

studiīs *litterārum*
ē-rudīre (< ē + rudis) = ēducāre, docēre

annō aetātis suae XVII puerī Rōmānī *togam virīlem* sīve *pūram* (sine purpurā) sūmunt; virīlis -e < vir
trāns-gredī -gressum = trāns-īre

Servius -ī *m*, grammaticus Latīnus saeculī IV p.C.; librōs scrīpsit dē Vergiliī operibus

fuit : nātus est

Venetia -ae *f*, regiō trāns ōstium Padī
cīvitās -ātis *f* (< cīvis) = oppidum
dīversus -a -um = varius (↔ idem)

operam dare + *dat* = dīligenter labōrāre, studēre
Neāpolis -is (*acc* -im, *abl* -ī), cīvitās Campāniae maritima
studuit : *litterīs* studuit

cīvīlis -e < cīvis; bellum cīvīle = bellum inter cīvēs

prō Antōniō sēnserant : Antōniō fāverant

suf-ficere -iō -fēcisse -fectum = satis esse

Vergilius Rōmam vēnit
patrōcinium -ī *n* < *patrōnus* -ī *m* = vir nōbilis dīves quī alterī adest
Pōlliō -ōnis, Maecēnās -ātis *m*, Rōmānī nōbilēs, patrōnī poētārum

5

prō-pōnere = cōnsilium dare, suādēre

(carmen) būcolicum = dē pāstōribus
cōnstat +*acc* +*īnf* = certum/nōtum
est
triennium -ī *n* = trēs annī
ē-mendāre (< ē + mendum) = corri-
gere; -āsse = -āv*isse*
Vergiliī opera poētica: (1) *Būcolica*
sīve *Eclogae*, X carmina dē vītā et
amōribus pāstōrum; (2) *Geōrgica*,
IV librī dē rēbus rūsticīs; (3) *Aenēis*
-idis *f*, XII librī dē Aenēā profugō
ecloga -ae *f* = carmen ēlēctum
geōrgicus -a -um = dē agrīs colendīs

(librum) ē-dere -didisse -ditum : mul-
tīs legendum dare | unde : quārē
prae-cipere -iō -cēpisse -ceptum =
iubēre, imperāre; moriēns praecēpit ut incenderētur!
Tucca -ae *m*, Varius -ī *m*, poētae
Rōmānī, Vergiliī amīcī
hāc lēge = hāc condiciōne (ut...)
super-fluus -a -um; *n* quod superest
nimium (nōn necessārium)

[annō 19 a.C.]

mīliārium

mīliārium -ī *n:* mīliāria: lapidēs ad
viās positī M passibus interiectīs

eius-modī = eius generis, tālis
suprā-scrībere
Calabrī -ōrum *m pl* < Calabria -ae *f*,
regiō ubi situm est Brundisium
~ēre = ~ērunt (*perf ind āct 3 pers pl*)
Parthenopē -ēs *f* = Neāpolis
pāscua -ōrum *n pl* (< pāscere)
= campī ubi pecus pāscitur
pāscua: *Būcolica*, rūra: *Geōrgica*,
ducēs: *Aenēidem*

āmīserat recipere meruit. Tunc eī prōposuit Pōlliō
ut carmen *Būcolicum* scrīberet, quod eum cōnstat
trienniō scrīpsisse et ēmendāsse. Item prōposuit
Maecēnās *Geōrgica*, quae scrīpsit ēmendāvitque
septem annīs. Posteā ab Augustō *Aenēidem* prō- 5
positam scrīpsit annīs ūndecim, sed nec ēmendāvit
nec ēdidit: unde eam moriēns praecēpit incendī!
Augustus vērō, nē tantum opus perīret, Tuccam et
Varium hāc lēge iussit ēmendāre ut superflua dē-
merent, nihil adderent tamen. 10

Suētōnius:

Vergilius Brundisiī moritur Sentiō Sāturnīnō et Lu-
crētiō Cinnā cōnsulibus. Ossa eius Neāpolim trāns-
lāta in secundō ab urbe mīliāriō sepeliuntur titulō
eiusmodī suprāscrīptō quem moriēns ipse dictāverat: 15
Mantua mē genuit, Calabrī rapuēre, tenet nunc
Parthenopē; cecinī pāscua, rūra, ducēs.

6

AENEIDIS

LIBER I

Arma virumque canō, Trōiae quī prīmus ab ōrīs

Italiam fātō profugus Lāvīniăque vēnit

lītora – multum ille et terrīs iactātus et altō

vī superum, saevae memorem Iūnōnis ob īram,

5 multa quoque et bellō passus, dum conderet urbem

īnferretque deōs Latiō; genus unde Latīnum

Albānīque patrēs atque altae moenia Rōmae.

Mūsa! mihī causās memorā, quō nūmine laesō

quidve dolēns rēgīna deum tot volvere cāsūs

10 īnsignem pietāte virum, tot adīre labōrēs

impulerit? Tantaene animīs caelestibus īrae?

Urbs antīqua fuit – Tyriī tenuēre colōnī –

Karthāgō, Italiam contrā Tiberīnaque longē

ōstia, dīves opum studiīsque asperrima bellī;

15 quam Iūnō fertur terrīs magis omnibus ūnam

posthabitā coluisse Samō; ¹ hīc illĭus arma,

hīc currus fuit; hoc rēgnum dea gentibus esse,

sī quā fāta sinant, iam tum tenditque fovetque.

'Prōgeniem' sed enim 'Trōiānō ā sanguine dūcī'

7

arma : bella | virum: Aenēam
quī prīmus ab ōrīs Trōiae *in* Italiam
Lāvīniaque lītora vēnit; Lāvīnius -a
-um < Lāvīnium, oppidum Latiī
It-a-li|am | Lā|vīn-ĭa-que
fātō *abl* : ob fātum, fātō āctus
et *in* terrīs et *in* altō (marī)
iactātus *est* | passus *est* (*v.* 5)

superī *m pl* = diī; superum = -ōrum
-um *gen pl dēcl* II =-ōrum
ob memorem īram saevae Iūnōnis:
ob īram saevae Iūnōnis cum memor esset (iūdiciī Paridis)
dum conderet... = quoad urbem (*Lāvīnium*) condere potuit et deōs (*Penātēs Trōiae*) in Latium īn-ferre
unde *ortum est* genus Latīnum
(= gēns Latīna, Latīnī)
Albānus -a -um < Alba, urbs Latiī;
Albānī patrēs (rēgēs), ā quibus ortus
est Rōmulus, quī Rōmam condidit
laedere =iniūriā afficere; quō nūmine
laesō : quā iniūriā nūminis affecta
aliquid dolēre = ob aliquid dolēre
rēgīna deō*rum* (: Iūnō) ... impulerit
cāsūs volvere : malās rēs perferre
īnsignis -e (+*abl*) = ēgregius (ob)
pietās -ātis *f* < pius; īnsignem pietāte
virum : virum piissimum (Aenēam)
im-pellere -pulisse -pulsum = cōgere
tantae-ne īrae animīs caelestibus
(: deōrum) *fuērunt?*

Tyrius -a -um < Tyros -ī *f*, urbs Phoe-
nīcēs | *eam* tenuē*runt* (: habuērunt)
It-a-li|am: *prīma syllaba longa;
item v.* 2,38,68,380,533,553,554
contrā Italiam Tiberī*num*que ōsti*um*
longē (: procul) *sita*
dīves opum : magnās opēs habēns
asper -era -erum = ferus, sevērus;
asper bellī studiīs : bellicōsus
quam ūnam Iūnō magis terrīs omnibus coluisse fertur (= nārrātur)
colere -uisse cultum =dīligere, cūrāre
post-habēre < minōris aestimāre
Samos -ī *f*: ibi erat templum Iūnōnis
iam tum dea hoc rēgnum gentibus
esse tenditque fovetque
-que... -que = et... et...
sī quā = sī ūllō modō
tendere +*acc* +*īnf* = operam dare ut
fovēre +*acc* +*īnf* = studēre
prōgeniēs -ēī *f* =quod gignitur/oritur
sed enim (= at) audīverat | dūcī : orīrī

Tyri*am* arc*em* : Karthāginem
vertere (= *ē-vertere*) = dēstruere

hinc populum (*Rōmānum*) lātē rēgem
(: rēgnantem) ... ventūrum *esse*
excidium -ī *n* < *ex-(s)cindere* = dēlēre; excidiō (*dat*) Libyae = ad ex-
scindendam Libyam/Karthāginem
Parcae -ārum *f pl*, trēs deae quae fāta
hominum *volvunt* (: explicant)
Sāturnia -ae *f* = Iūnō (Sāturnī fīlia)
memor veteris bellī quod ad Trōiam
prīma gesserat prō cārīs Argīs
Argī -ōrum *m pl*, urbs Peloponnēsī;
adi Argīvus -a -um, *m pl* cīvēs
(quibus Iūnō favēbat)
nec-dum (etiam) = nec adhūc

ex-cidere -disse < ex + cadere
animō *abl*: ex animō, ē memoriā
: *altē in* mente repos*i*tum (/positum)
spernere sprēvisse sprētum = con-
temnere; sprētae fōrmae : quod
fōrma eius (pulchra) sprēta erat
invīsus -a -um ↔ cārus; genus *Trō-*
iānum invīsum (quod Iūnō ōderat)
Ganymēdēs -is *m*, fīlius rēgis Trōiānī
ā Iove raptus et minister eius factus
super hīs accēnsa (: dē hīs īrāta)
Trōs -ōis *m* = Trōiānus; -as *acc pl Gr*
reliquiae -ārum *f pl* < reliquus; r. Dana*ōrum* : quod Danaī relīquērunt
rel-i-qui̯ās | im-mītis -e = ferōx

longē (: procul) *ā* Latiō

fātīs : fātō
circum omnia maria

tantae mōlis *gen* : tantī labōris mo-
lestī, tam molestum ac difficile

tellūs -ūris *f* = terra; Sicula tellūs =
Sicilia; in Siciliā rēx Acestēs Trōiānōs profugōs benignē recēperat
vēla dabant = nāvigābant (Trōiānī)
sāl = aqua maris | aere : prōrā aereā
ruere = iactāre

vulnus : dolor
ob iniūriam

spūma
-ae *f*

haec sēcum *ait*: "mē-ne (: putās-ne
mē) victam *ab* inceptō dēsistere? =
ego-ne victa... dēsistam?
inceptum -ī *n* = quod coeptum est
It-a-li̯ā āvertere = ab Italiā prohibēre

quippe = scīlicet, etenim (fāta mē
vetant!) | ex-ūrere = igne perdere
Pallās -adis *f* = Minerva (quae classem Āiācis exussit)
Argīvī : Graecī; Argīvum = -ōrum
ipsōs *nautās*

audierat, 'Tyriās ōlim quae verteret arcēs;   20

hinc populum lātē rēgem bellōque superbum

ventūrum excidiō Libyae! – sīc volvere Parcās.'

Id metuēns veterisque memor Sāturnia bellī

prīma quod ad Trōiam prō cārīs gesserat Argīs

– necdum etiam causae īrārum saevīque dolōrēs   25

exciderant animō; manet altā mente repostum

iūdicium Paridis sprētaeque iniūria fōrmae,

et genus invīsum et raptī Ganymēdis honōrēs –

hīs accēnsa super, iactātōs aequore tōtō

Trōas – reliquiās Danaum atque immītis Achillis –   30

arcēbat longē Latiō; multōsque per annōs

errābant, āctī fātīs, maria omnia circum.

Tantae mōlis erat Rōmānam condere gentem!

  Vix ē cōnspectū Siculae tellūris in altum

vēla dabant laetī et spūmās salis aere ruēbant,   35

cum Iūnō, aeternum servāns sub pectore vulnus,

haec sēcum: "Mēne inceptō dēsistere victam

nec posse Italiā Teucrōrum āvertere rēgem?!

Quippe vetor fātīs! Pallāsne exūrere classem

Argīvum atque ipsōs potuit submergere pontō   40

8

ūnĭus ob noxam et furiās Āiācis Oīlĕī?

Ipsa Iovis rapidum iaculāta ē nūbibus ignem

disiēcitque ratēs ēvertitque aequora ventīs;

illum exspīrantem trānsfīxō pectore flammās

45 turbine corripuit scopulōque īnfīxit acūtō!

Ast ego, quae dīvum incēdō rēgīna, Iovisque

et soror et coniūnx, ūnā cum gente tot annōs

bella gerō! Et quisquam nūmen Iūnōnis adōrat

praetereā aut supplex ārīs impōnet honōrem?"

50 Tālia flammātō sēcum dea corde volūtāns

nimbōrum in patriam, loca fēta furentibus Austrīs,

Aeoliam venit. Hīc vāstō rēx Aeolus antrō

luctantīs ventōs tempestātēsque sonōrās

imperiō premit ac vinclīs et carcere frēnat.

55 Illī indignantēs magnō cum murmure montis

circum claustra fremunt. Celsā sedet Aeolus arce

scēptra tenēns, mollitque animōs et temperat īrās.

....

64 Ad quem tum Iūnō supplex hīs vōcibus ūsa est:

65 "Aeole! – namque tibī dīvum pater atque hominum

rēx

noxa -ae *f* = maleficium pūniendum ob ūnĭus Āiācis (Oīlĕī *fīliī*) noxam et furiās | furiae -ārum *f pl* = īnsānia iaculārī = iacere; ipsa Iovis rapidum ignem ... iaculāta *est* (pectus Āiācis fulmine percussit quia in aede Minervae Cassandrae vim attulerat) ratēs : nāvēs | ē-vertere = turbāre

illum flammās ex-spīrantem trāns-fīgere -fīxisse -fīxum = percutere (per/trāns corpus)

turbō -inis *m* = ventus turbidus in-fīgere -fīxisse -fīxum = fīgere in

ast = at (tamen)
dīvī -ōrum *m pl* = diī; -um = -ōrum
in-cēdere = superbē prōcēdere

Iovis soror: utrīusque pater Sāturnus

et quisquam...? = num quis...?
nūmen Iūnōnis : deam Iūnōnem
adōrat : adōrābit
praetereā = posthāc
ārīs (*dat*) *meīs* impōnet honōrem (: sacrificium) : mihi sacrificābit
flammātus -a -um = incēnsus; flammātō corde (animō)
volūtāre = volvere; sēcum (animō suō) volvere/volūtāre = cōgitāre
fētus -a -um = gravidus, plēnus
furere = āmēns/saevus esse; furēns -entis = āmēns
in Aeoliam, patriam nimbōrum (ventōrum), ... venit | *in* vāstō antrō
-īs *acc pl dēcl III* = -ēs: luctantīs *acc pl* = luctantēs
sonōrus -a -um = sonāns

vinclum -ī *n* = vinculum
frēnāre = retinēre, pārentem facere
indignārī = indignum cēnsēre; indignantēs *sē inclūdī*
murmur -is *n* = vōx/sonus fremēns
claustra -ōrum *n pl* = locus clausus, carcer
in celsā arce sedet scēptr*um* tenēns

temperāre = mollīre, sēdāre (↔ incitāre)

hīs vōcibus : hīs verbīs

namque = certē
pater dīv*ōr*um atque rēx hominum : Iuppiter

9

mulcēre = tranquillum facere
dare +*īnf* = permittere (↔ vetāre)
(flūctūs) tollere : excitāre
(mare/aequor) Tyrrhēnum = Tūscum
Tyrrhēnum nāvigat aequor = in marī
Tyrrhēnō (Tūscō/Īnferō) nāvigat
It-a-li|am
Īlium (Trōiam) victōsque Penātēs (P.
Trōiae victae) in Italiam portāns
in-cutere -iō -ssisse -ssum = addere
ob-ruere = operīre (flūctibus)
puppis : nāvis; puppīs *acc pl* = -*ēs*
dī-versī -ae -a = in contrāriās partēs
versī; age *eōs* dīversōs et dis-ice
corpora pontō (= in pontum)!
bis sept*ēnae* (2×7) = quattuordecim
prae-stāns -antis *adi* = ēgregius
corpore : fōrmā, pulchritūdine
quārum (= ē quibus) *eam* quae fōrmā
pulcherrima *est*, D., stabilī cōn*ŭ*biō
(= coniugiō) *tibi* iungam *tuam*que
propriam dicābō | Dē-i-o|pē-a
stabilis -e = firmē stāns, manēns
dicāre = trādere, dēdicāre
meritum -ī *n* = beneficium prō quō
praemium merētur (↔ noxa)
ut prō tālibus meritīs omn*ēs* annōs
(: tōtam vītam) tēcum ex-igat
(tempus/vītam) ex-igere = vīvere
prōlēs -is *f* = fīlius/fīlia, prōgeniēs
haec contrā *dīxit* (: respondit): "..."
tuus ... labor (: tuum negōtium) *est*
explōrāre, quid optēs
ex-plōrāre = quaerere, excōgitāre
capessere = capere; iussa c. = pārēre
mihi fās (: officium) est = ego dēbeō

quod-cumque = quidquid
: tū mihi *dās* quodcumque hoc rēgnī
est (hoc rēgnum *quantum-cumque*
est : etsī parvum est), tū *mihi* scēp-
trum dās Iovemque *mihi* conciliās
conciliāre = benignum facere
epulae -ārum *f pl* = cēna magnifica
tū *mihi* dās (: permittis) *in* epulīs
dīv*ōr*um accumbere
mē potentem facis

haec ubi dicta *sunt*
cuspis -idis *f* = hasta

im-pulit = pulsāvit

quā porta data (: aperta) *est*
per-flāre = flandō perturbāre
in-cumbere -cubuisse +*dat* = sē prōicere in; incubu*ērunt*
tōtumque *mare* ā sēdibus īmis (: ā
fundīs, funditus)... ruunt (: turbant)
ūnā *adv* = simul | crēber procellīs =
crēbrās procellās faciēns (Āfricus)

---

et mulcēre dedit flūctūs et tollere ventō –

gēns inimīca mihī Tyrrhēnum nāvigat aequor,

Īlium in Italiam portāns victōsque Penātīs.

Incute vim ventīs submersāsque obrue puppīs,

aut age dīversōs et disice corpora pontō! 70

Sunt mihi bis septem praestantī corpore Nymphae,

quārum quae fōrmā pulcherrima, Dēiopēa,

cōnŭbiō iungam stabilī propriamque dicābō,

omnīs ut tēcum meritīs prō tālibus annōs

exigat et pulchrā faciat tē prōle parentem." 75

Aeolus haec contrā: "Tuus, ō rēgīna, quid optēs

explōrāre labor – mihi iussa capessere fās est.

Tū mihi quodcumque hoc rēgnī, tū scēptra Iovemque

conciliās, tū dās epulīs accumbere dīvum,

nimbōrumque facis tempestātumque potentem." 80

Haec ubi dicta, cavum conversā cuspide montem

impulit in latus – ac ventī, velut agmine factō,

quā data porta ruunt et terrās turbine perflant.

Incubuēre marī tōtumque ā sēdibus īmīs

ūnā Eurusque Notusque ruunt crēberque procellīs 85

Āfricus et vāstōs volvunt ad lītora flūctūs;

īnsequitur clāmorque virum strīdorque rudentum.

Ēripiunt subitō nūbēs caelumque diemque

Teucrōrum ex oculīs, pontō nox incubat ātra.

90 Intonuēre polī, et crēbrīs micat ignibus aethēr,

praesentemque virīs intentant omnia mortem!

Extemplō Aenēae solvuntur frīgore membra,

ingemit et duplicīs tendēns ad sīdera palmās

tālia vōce refert: "Ō terque quaterque beātī

95 quīs ante ōra patrum Trōiae sub moenibus altīs

contigit oppetere! Ō Danaum fortissime gentis

Tȳdīdē! Mēne Īliacīs occumbere campīs

nōn potuisse tuāque animam hanc effundere dextrā?

saevus ubi Aeacidae tēlō iacet Hector, ubi ingēns

100 Sarpēdōn, ubi tot Simoīs correpta sub undīs

scūta virum galeāsque et fortia corpora volvit!"

Tālia iactantī strīdēns Aquilōne procella

vēlum adversa ferit, flūctūsque ad sīdera tollit!

Franguntur rēmī, tum prōra āvertit et undīs

105 dat latus. Īnsequitur cumulō praeruptus aquae

mōns,

strīdor -ōris *m* < *strīdēre* = acūtē sonāre
rudēns -entis *m* = fūnis; *gen pl* -um

ēripiunt (ex oculīs) : occultant
diem : lūcem (diēī)

in-cubāre +*dat* = cubāre super, operīre

in-tonāre -uisse = tonāre
polus -ī *m* = summus et īnfimus locus in orbe caelī, caelum
ignibus : fulguribus
intentāre +*dat* = minārī

Aenēās -ae (*acc Gr* -ān) *m* = dux Trōiānōrum profugōrum
solvere = dēbilem facere
in-gemere -uisse = gemere
duplex -icis *adi* = bis factus; duplicēs palmās = duās palmās
palma -ae *f* = manus aperta
vōce re-ferre = loquī, dīcere
ter-que quater-que : etiam atque etiam, māximē
quīs *dat pl* = quibus; ...vōs quibus contigit oppetere ante ōra patrum
con-tingere -tigisse +*dat* = ēvenīre
op-petere (mortem) = morī
Tȳdīdēs -ae *m* (*voc* -ē): Diomēdēs, fīlius Tȳdeī | Danaōrum gentis
mē-ne nōn potuisse? : nōnne potuī?
in Īliacīs campīs
oc-cumbere = occidere, cadere
animam ef-fundere (ex-spīrāre) tuā dextrā *occīsus*
Aeacidēs -ae *m*, Achillēs (Aeacī nepōs); ubi iacet saevus Hector tēlō Aeacidae *occīsus*, ubi *iacet...*
Sarpēdōn -onis *m*, rēx Lyciae
Simoīs -entis *m*, fluvius ad Trōiam; ubi S. tot scūta virōrum correpta...
sub undīs volvit

galea -ae *f*

Aenēae tālia *verba* iactantī
(ab) Aquilōne : ā septentriōnibus
strīdēns -disse = acūtē sonāre
procella adversa vēlum ferit
ferīre = percutere

prōra āvertit (= āvertitur) et undīs dat latus (: latus ad undās vertit)
cumulus -ī *m* = alta cōpia; cumulō *abl* : altē surgēns
praeruptus -a -um = arduus

mōns aquae : flūctus altissimus

11

hī.. hīs : aliī... aliīs
de-hīscere = aperīrī, patēre
terram aperit : fundum ostendit
aestus -ūs *m* = aqua turbida, turbō
harēna -ae *f* = terra mollis alba quā
  operītur lītus et fundus; *in* harēnīs
trīs = trēs (*acc pl*) *nāvēs;* (+ *v.*110)
torquēre -sisse -tum = circum vertere
Italī -ōrum *m pl,* Italiae incolae
ea saxa quae *sunt* in mediīs flūctibus
  Italī 'Ārās' vocant
immānis -e = ingēns et horrendus
in summō marī
brevis -e : humilis; *n pl* brevia = vada
syrtis -is *f* = vadum perīculōsum
urgēre = premere, appellere
miserābilis -e < miserārī; vīsū *sup II*
in-līdere + *dat* = vī prōicere in
agger -eris *m* = vāllum terrae/harēnae
Lyciī -ōrum *m pl* < Lycia
Orontēs -is *m* (*acc Gr* -ēn = -em),
  dux Lyciōrum
vertex -icis *m* = (1) culmen, sum-
  mum; ā vertice pontus : flūctus ā
  summō dēscendēns
ex-cutere -iō -ssisse -ssum = vī ēicere
prōnus -a -um = prōiectus in faciem
magister (nāvis) = gubernātor
volvitur in caput = praecipitātur
illam *nāvem*
agēns circum (*adv*) = circum-agēns
aequore : flūctibus
vertex -icis *m* = (2) gurges, vorāgō
arma virōrum | tabulae : ligna, trabēs
Trōius -a -um = Trōiānus; Trō-i-a
gāza -ae *f* = thēsaurus, dīvitiae
Īlioneus -ī, Achātēs -ae, Abās -ae,
  Alētēs -ae *m,* Trōiānī, sociī Aenēae
et *eam* quā vectus *est* Abās
grand-aevus -a -um = senex
hiems -mis *f* : tempestās hīberna
laxus -a -um = solūtus (↔ firmus)
compāgēs -um *f pl* = trabēs nexae
omnēs *nāvēs* | imbrem : aquam
rīma -ae *f* : ōs angustum inter trabēs
  (per rīmās aqua in nāvēs penetrat)
fatīscere = apertum esse, dehīscere
miscēre = turbāre
murmur -is *n* : strepitus
ē-missam *esse* (ē carcere)

hī summō in flūctū pendent, hīs unda dehīscēns

terram inter flūctūs aperit, furit aestus harēnīs.

Trīs Notus abreptās in saxa latentia torquet

(saxa vocant Italī mediīs quae in flūctibus 'Ārās',

dorsum immāne marī summō), trīs Eurus ab altō 110

in brevia et syrtīs urget – miserābile vīsū! –

inlīditque vadīs atque aggere cingit harēnae,

ūnam, quae Lyciōs fīdumque vehēbat Orontēn,

ipsĭus ante oculōs ingēns ā vertice pontus

in puppim ferit: excutitur prōnusque magister 115

volvitur in caput; ast illam ter flūctus ibīdem

torquet agēns circum et rapidus vorat aequore

    vertex!

Appārent rārī nantēs in gurgite vāstō,

arma virum tabulaeque et Trōia gāza per undās.

Iam validam Īlioneī̂ nāvem, iam fortis Achātae, 120

et quā vectus Abās et quā grandaevus Alētēs,

vīcit hiems; laxīs laterum compāgibus omnēs

accipiunt inimīcum imbrem rīmīsque fatīscunt.

    Intereā magnō miscērī murmure pontum

ēmissamque hiemem sēnsit Neptūnus et īmīs 125

stāgna refūsa vadīs, graviter commōtus; et altō

prōspiciēns summā placidum caput extulit undā.

Disiectam Aenēae tōtō videt aequore classem,

flūctibus oppressōs Trōas caelīque ruīnā.

130 Nec latuēre dolī frātrem Iūnōnis et īrae.

Eurum ad sē Zephyrumque vocat, dehinc tālia

fātur:

"Tantane vōs generis tenuit fidūcia vestrī?

Iam caelum terramque meō sine nūmine, ventī,

miscēre et tantās audētis tollere mōlēs?

135 Quōs ego.........! Sed mōtōs praestat compōnere

flūctūs.

Post mihi nōn similī poenā commissa luētis.

Mātūrāte fugam rēgīque haec dīcite vestrō:

'nōn illī imperium pelagī saevumque tridentem

sed mihi sorte datum!' Tenet ille immānia saxa,

140 vestrās, Eure, domōs – illā sē iactet in aulā

Aeolus, et clausō ventōrum carcere rēgnet!"

Sīc ait, et dictō citius tumida aequora plācat

collēctāsque fugat nūbēs sōlemque redūcit.

Cȳmothoē simul et Trītōn adnīxus acūtō

stāgnum -ī *n* : aqua; stāgna *ex* īmīs vadīs re-fūsa *esse* | re-fundere *ex* altō (marī) prōspiciēns placidum caput *ex* summā undā ex-tulit (< ef-ferre ex-tulisse ē-lātum)

in tōtō aequore op-primere -pressisse -pressum (< ob + premere) = superāre, submergere Trō*as acc pl Gr* = Trō*ēs* (= Trōiānōs) ruīna -ae *f* < ruere; caelī ruīna : turbō latēre + *acc* = ignōrārī ab; nec dolī et īrae Iūnōnis frātrem latuēr*unt* (frātrī ignōtae erant); Neptūnus: frāter Iūnōnis, utrīusque pater Sāturnus de-hinc = deinde (dehinc, *I syllaba*)

fidūcia -ae *f* = animus cōnfīdēns : adeō-ne cōnfīditis generī vestrō? generis vestrī: ventōrum māter est Aurōra dea iam*ne* audētis, ventī (*voc*), sine meō nūmine, caelum terramque mis-cēre et tantās mōlēs tollere? mōlēs : flūctūs ('aquae montēs')

quōs ego.....! : ego vōs *pūniam!* prae-stat = prius oportet, melius est com-pōnere = sēdāre (↔ turbāre)

post *adv* = posteā nōn similī poenā : māiōre poenā commissum -ī *n* = maleficium luere: maleficium luere poenā = prō maleficiō poenam dare (pūnīrī) mātūrāre = properāre; fugam mātū-rāre = celeriter fugere

pelagus -ī *n* = mare 'nōn illī sed mihi sorte datum *esse* imperium pelagī...' sors sortis *f* = fātum

tridēns -entis *m*

in illā aulā (= rēgiā) sē iactāre = glōriōsē dominārī

in carcere ventōrum clausō

dictō citius = citius quam dictum est, simul ac dīxit plācāre = sēdāre fugāre = in fugam dare, fugientem facere Cȳmothoē -ēs *f*, Nympha maris Trītōn -ōnis *m*, deus, Neptūnī fīlius ad-nītī -nīxum = omnibus vīribus labōrāre; adnīxus = adnītēns

13

... *dē* acūtō scopulō nāvēs dētrūdunt
dē-trūdere -sisse -sum = *dē-pellere*
Neptūnus ipse *eās* levat tridentī (*abl*
= trident*e*)

rota
-ae *f*

rotīs levibus : currū levī
per-lābī = percurrere

dētrūdunt nāvīs scopulō; levat ipse tridentī   145

et vāstās aperit syrtīs et temperat aequor

atque rotīs summās levibus perlābitur undās.

....

dēfessus -a -um = fatīgātus, fessus
Aeneadae -um *m pl*, Aenēae sociī
lītora quae proxima *sunt*

con-tendere = properāre
Libya -ae *f* = Āfrica

sēcessus -ūs *m* : sinus dēsertus/latēns
(< *sē-cēdere* = ā cēterīs discēdere)
ob-iectus -ūs *m* < *ob-icere* -iō -iēcisse
-iectum = contrā pōnere; obiectū
laterum : obiectīs lateribus
omnis unda ab altō *veniēns* frangitur
inque sinūs reductōs sēsē scindit
(: scinditur, rumpitur)
reductus -a -um = remōtus, recēdēns
hinc atque hinc : ex utrāque parte
geminī (: duo) scopulī
minantur (in caelum) = ēminent

vertex (montis) = culmen

scaena : locus quī spectātur
coruscus -a -um = tremēns, micāns
scaena silvīs coruscīs dē-super (*imminet*) nemus-que ātrum umbrā
horrentī (: horribilī) imminet
dē-super *adv* = dē superiōre parte
nemus -oris *n* = silva, lūcus
sub fronte ad-versā *erat* antrum *ex*
scopulīs (*im*)pendentibus (*factum*)
(aqua) dulcis : sine sale
(saxum) vīvum : nūdum, pūrum
sedīle -is *n* = sēdēs; ē vīvō saxō

hīc nōn ūlla vincula
nāvēs fessās tenent
uncus -a -um = curvus   ancora
al-ligāre = vincīre   -ae *f*
morsus -ūs *m* < mordēre
nōn ancora uncō morsū *nāvēs* alligat
VII nāvibus ex omnī numerō (XX)
collēctīs, Aenēās hūc (: sub hanc
īnsulam) sub-it

potīrī + *abl:* rē p. = reī potēns fierī
Trōes (-es *nōm pl Gr* = -*ēs*) *in lītus
ēgressī harēnā optātā potiuntur
tābēre = dēbilis esse, cōnficī; sale tā-
bentēs = sale cōnfectōs
artus -ūs *m* = membrum

Dēfessī Aeneadae, quae proxima lītora cursū   157

contendunt petere, et Libyae vertuntur ad ōrās.

Est in sēcessū longō locus: īnsula portum

efficit obiectū laterum, quibus omnis ab altō   160

frangitur inque sinūs scindit sēsē unda reductōs.

Hinc atque hinc vāstae rūpēs geminīque minantur

in caelum scopulī, quōrum sub vertice lātē

aequora tūta silent; tum silvīs scaena coruscīs

dēsuper, horrentīque ātrum nemus imminet umbrā;   165

fronte sub adversā scopulīs pendentibus antrum,

intus aquae dulcēs vīvōque sedīlia saxō,

Nymphārum domus. Hīc fessās nōn vincula nāvīs

ūlla tenent, uncō nōn alligat ancora morsū.

Hūc septem Aenēās collēctīs nāvibus omnī   170

ex numerō subit; ac magnō tellūris amōre

ēgressī optātā potiuntur Trōes harēnā

et sale tābentīs artūs in lītore pōnunt.

Ac prīmum silicī scintillam excūdit Achātēs

175 suscēpitque ignem foliīs atque ārida circum

nūtrīmenta dedit rapuitque in fōmite flammam.

Tum Cererem corruptam undīs Cereāliaque arma

expediunt fessī rērum, frūgēsque receptās

et torrēre parant flammīs et frangere saxō.

180 Aenēās scopulum intereā cōnscendit, et omnem

prōspectum lātē pelagō petit, Anthea sī quem

iactātum ventō videat Phrygiāsque birēmīs

aut Capyn aut celsīs in puppibus arma Caīcī.

Nāvem in cōnspectū nūllam, trīs lītore cervōs

185 prōspicit errantīs; hōs tōta armenta sequuntur

ā tergō et longum per vallīs pāscitur agmen.

Constitit hīc arcumque manū celerīsque sagittās

corripuit, fīdus quae tēla gerēbat Achātēs,

ductōrēsque ipsōs prīmum capita alta ferentīs

190 cornibus arboreīs sternit, tum vulgus et omnem

miscet agēns tēlīs nemora inter frondea turbam;

nec prius absistit quam septem ingentia victor

corpora fundat humī et numerum cum nāvibus

aequet.

silex -icis *m* = lapis dūrissimus
scintilla -ae *f* = ignis minimus volāns
ex-cūdere -disse = pulsandō ēmittere
(silicī : ē silice)
āridus -a -um = siccus; ārida nūtrīmenta *ignī* circum-dedit
nūtrīmentum -ī *n* (< *nūtrīre* = alere)
= id quod nūtrit/alit
fōmes -itis *m* = māteria accendenda
Cerēs -eris *f*: frūmentum; arma Cere-
ālia : īnstrūmenta quibus pānis fit
cor-rumpere = prāvum facere
ex-pedīre = parātum facere
fessī rērum : fessī ob rēs adversās
frūgēs receptās : frūmentum (sēmen)
ē nāvibus receptum (: servātum)
(sēmen) frangere : *molere* (IV.517)

silex

prōspectus -ūs *m* < prō-spicere; prōspectum petit = prōspicit; *in* pelagō
Antheus -ī (*acc Gr* -a = -um),Trōiā-
nus; sī quem Anthea : sī forte A.
Phrygius -a -um < Phrygia, regiō in
quā sita est Trōia; Trōiānus
bi-rēmis -is *f* = nāvis cui bīnī sunt
rēmī; birēmīs *acc pl* = -ēs
Capys -yis (*acc Gr* -yn), Caīcus -ī
m, Trōiānī, Aenēae sociī
trīs (trēs) cervōs *in* lītore errantēs
prōspicit

armentum -ī *n* = grex

agmen -inis *n* = ōrdō; longum agmen
(cervōrum) per vallēs pāscitur
(: herbam carpit)
cōn-sistere -stitisse

cornua
cervī

ductor -ōris *m* = quī dūcit, dux; ductōrēs *gregis*... capita alta ferentēs
arboreus -a -um = rāmīs ōrnātus (ut
arbor); *cum* cornibus arboreīs
vulgus -ī *n* (*acc* -us) = populus, mul-
titūdō hominum/bēstiārum, grex
tum vulgus et omnem turbam miscet
tēlīs agēns inter nemora frondea
frondeus -a -um = fronde ōrnātus

ab-sistere -stitisse = dēsistere
nec absistit prius-quam... fund*at*...
aequ*et* (*coni praes*)
humī fundere = sternere
cum nāvibus : cum numerō nāvium
(quae servātae sunt: VII)
aequāre = aequum facere

et *praedam* partītur in omnēs sociōs
(: omnibus sociīs)
deinde vīna (quae bonus hērōs Acestēs cadīs onerāverat *in* lītore Trīnacriō dederatque abeuntibus) dīvidit
cadus -ī *m* = magnum vās vīnī; cadīs onerārat = in cadōs onerāverat
Trīnacrius -a -um = Siculus
hērōs -ōis *m* = vir ēgregius

sociīs dīvidit et *hīs* dictīs maerentia
pectora mulcet (: cōnsōlātur)

ignārus +*gen:* ignārī malōrum
ante *adv* = anteā

ō *vōs quī* graviōra passī *estis!*

Scyllaeus -a -um < Scylla
rabiēs -ēī *f* = īra saeva et āmēns
penitus (: ē spēluncā) sonant*ēs*

accēs*tis* = acces*sis*tis | et = etiam
Cyclōpius -a -um <Cyclōps | Cyc‖lō-

expertī *estis* | re-vocāre ≐ restituere
animus (fortis) ↔ timor

forsan = forsitan, fortasse
nōs iuvābit (= dēlectābit)

discrīmen -inis *n* = perīculum; discrīmina rērum : cāsūs perīculōsōs

tendere = contendere, properāre

nōbīs ostendunt (: prōmittunt)
fās *est* rēg*num* Trōiae re-surgere
re-surgere = iterum surgere, restituī

dūrāre = dūrus esse, patiēns esse
vōs-met = vōs; vōs servāte ad rēs
secundās!

aeger (animō) = dolēns, dēspērāns

altum corde dolōrem : magnum
animī dolōrem
ac-cingere = armāre, parāre; praedae
dapibusque = ad praedam dapēsque
dapēs -um *f pl* = bona cēna
tergus -oris *n* = dorsum (carō)
dī-ripere = abripere; dīripiunt *ā* costīs
costae -ārum *f pl* = ossa pectoris
pars... aliī... = aliī... aliī...
frustum -ī *n* = carō secta
verū -ūs *n* = hasta ferrea cui figitur
frusta igne coquenda
in lītore | aēnum -ī *n* = vās aereum
ministrāre (< minister) = cūrāre

vīctus -ūs *m* (<vīvere) = cibus | vīrēs
fūsī = strātī : cubantēs

Hinc portum petit et sociōs partītur in omnīs.

Vīna bonus quae dēinde cadīs onerārat Acestēs   195

lītore Trīnacriō dederatque abeuntibus hērōs

dīvidit, et dictīs maerentia pectora mulcet:

"Ō sociī – neque enim ignārī sumus ante malōrum –

ō passī graviōra, dabit deus hīs quoque finem!

Vōs et Scyllaeam rabiem penitusque sonantīs   200

accēstis scopulōs, vōs et Cyclōpia saxa

expertī: revocāte animōs maestumque timōrem

mittite – forsan et haec ōlim meminisse iuvābit!

Per variōs cāsūs, per tot discrīmina rērum

tendimus in Latium, sēdēs ubi fāta quiētās   205

ostendunt; illīc fās rēgna resurgere Trōiae.

Dūrāte, et vōsmet rēbus servāte secundīs!"

Tālia vōce refert, cūrīsque ingentibus aeger

spem vultū simulat, premit altum corde dolōrem.

Illī sē praedae accingunt dapibusque futūrīs: 210

tergora dīripiunt costīs et viscera nūdant,

pars in frusta secant veribusque trementia fīgunt,

lītore aēna locant aliī flammāsque ministrant.

Tum vīctū revocant vīrīs, fūsīque per herbam

215 implentur veteris Bacchī pinguisque ferīnae.

Postquam exēmpta famēs epulīs mēnsaeque remōtae,

āmissōs longō sociōs sermōne requīrunt,

spemque metumque inter dubiī: seu vīvere crēdant

sīve extrēma patī nec iam exaudīre vocātōs.

220 Praecipuē pius Aenēās nunc ācris Orontī,

nunc Amycī cāsum gemit et crūdēlia sēcum

fāta Lycī fortemque Gyān fortemque Cloanthum.

.... [v. 223–304: Colloquium Iovis et Veneris]

305　At pius Aenēās per noctem plūrima volvēns,

ut prīmum lūx alma data est, exīre locōsque

explōrāre novōs: quās ventō accesserit ōrās,

quī teneant (nam inculta videt)ᛁhominēsne feraene,

quaerere cōnstituit sociīsque exācta referre.

310 Classem in convexō nemorum sub rūpe cavātā

arboribus clausam circum atque horrentibus umbrīs

occulit; ipse ūnō graditur comitātus Achātē

bīna manū lātō crispāns hastīlia ferrō.

Cui māter mediā sēsē tulit obvia silvā

315 virginis ōs habitumque gerēns et virginis arma,

17

---

implentur : sē implent (+abl/gen)
Bacchus -ī m (deus vīnī) : vīnum
pinguis -e = crassus/turgidus et mol-
　lis (pinguis fit quī nimium ēst)
ferīna -ae f = carō ferae (: cervī)
ex-imere -ēmisse -ēmptum = dēmere,
　adimere; exēmpta est
mēnsae remōtae sunt : cēna fīnīta est

longō sermōne : multīs verbīs
re-quīrunt : in memoriam revocant

inter spem metumque dubiī
seu (sīve : utrum) eōs vīvere crēdant
sīve (: an) eōs extrēma (: mortem)
patī crēdant nec iam exaudīre
vocātōs (: sē vocārī)

pius Aenēās nunc cāsum ācris Orontī
　(gen Gr = -is), nunc cāsum Amycī
　et crūdēle fātum Lycī sēcum gemit
cāsum/fātum gemere : ob cāsum/fā-
　tum gemere (sēcum : animō suō)
Amycus, Lycus, Cloanthus,Orontēs
　-ī, Gyās -ae m, Trōiānī, sociī Aenēae
fortemque Gyān/Cloanthum gemit :
　fāta fortis Gyae/Cloanthī gemit
Gyān acc Gr = -am

volvēns : cōgitāns

ut prīmum = cum prīmum
almus -a -um = quī alit, iūcundus
exīre locōsque novōs explōrāre
　cōnstituit

in-cultus -a -um = quī nōn colitur
quī eās teneant (nam loca inculta
　esse videt), hominēs-ne ferae-ne
　(= an ferae), quaerere cōnstituit
ex-igere -ēgisse -āctum = quaerendō
　cognōscere; exācta : quae cognōvit
convexum -ī n = locus tēctō (rāmō-
　rum) curvō opertus
cavātus -a -um = cavus factus

circum adv

occulere -uisse -cultum = occultāre
ūnō Achātē (abl) comitātus graditur
crispāre　= movēre, quatere
hastīle -is n = hasta (lātō ferrō mū-
　nīta); bīna hastīlia : duo hastīlia
māter Aenēae: Venus dea
in mediā silvā
obvius -a -um = quī obviam it; sēsē
　tulit obvia = obviam iit, occurrit
ōs -ōris n : faciēs
habitus -ūs m = fōrma ac vestis

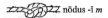 nōdus -ī *m*

··················

dē mōre = ut mōs est (*vēnantium*)
habilis -e = parātus ad ūsum
sus-pendere -disse -pēnsum = pen-
dentem facere (*dē* umerīs)
vēnātrīx -īcis *f* = fēmina quae vēnātur
dif-fundere = pandere; ventīs comam
diffundere (: diffundendam) dederat
nōdō sinūs collēcta fluentēs = quae
sinūs (: vestēs) fluentēs nōdō col-
lēgerat (nexerat)
mōnstrate, sī forte (ali)quam meārum
sorōrum hīc errantem vīdistis

pellis — macula - ae *f*
-is *f* — pellis maculōsa

suc-cīnctus -a -um = cīnctus (indū-
tus) veste suprā genua, armātus
maculōsus -a -um < macula
tegmen -inis *n* = quod tegit (: *pellis*)

spūmāre = spūmam facere (ex ōre
ferae īrātae spūma ēmittitur)
aprī cursum premere : aprum cur-
rentem persequī
sīc Venus *dīxit;* et Veneris fīlius sīc
contrā ōrsus *est* (= dīcere coepit):

nūlla tuārum sorōrum mih*i* (: ā mē)
audīta neque vīsa *est*

memorem : nōminem (quō nōmine
tē appellem?)

haud tibi *est* vultus mortālis

(vōx) hominem sonat : ut vōx hūmāna sonat
Phoebī (Apollinis) soror: Diāna, dea
vēnātrīx
(Nymphārum) sanguis : genus
sīs *nōbīs* fēlīx (= favēns)!
levāre = levem facere, minuere
quae-cumque *es* (sīve dea sīve homō)

et doceās *nōs* tandem (: dīc! rogō tē!)
sub quō caelō, in quibus ōrīs orbis
(terrārum) iactēmur?
lo|cō-rum-||
qu'er-rā|mus (*item v.* 448-449)

ventō et vāstīs flūctibus hūc āctī

: ante ārās *tuās* multae hostiae cade*nt*
nostrā dextrā (: *meā* dextrā *caesae*)

dignārī *+abl* = dignum esse cēnsēre
haud equidem mē (*virginem Tyriam*)
tālī honōre dignor

namque umerīs dē mōre habilem suspenderat arcum 318

vēnātrīx dederatque comam diffundere ventīs,

nūda genū nōdōque sinūs collēcta fluentīs. 320

Ac prior "Heus" inquit "iuvenēs! mōnstrāte, meārum

vīdistis sī quam hīc errantem forte sorōrum

succīnctam pharetrā et macu-

lōsae tegmine lyncis   pharetra -ae *f*   lynx lyncis *f*

aut spūmantis aprī cursum clāmōre prementem."

Sīc Venus; et Veneris contrā sīc fīlius ōrsus: 325

"Nūlla tuārum audīta mihī neque vīsa sorōrum,

ō, quam tē memorem, virgō? – namque haud tibi

    vultus

mortālis nec vōx hominem sonat – ō, dea certē!

an Phoebī soror? an Nymphārum sanguinis ūna?

Sīs fēlīx nostrumque levēs, quaecumque, labōrem! 330

et quō sub caelō tandem, quibus orbis in ōrīs

iactēmur doceās! Ignārī hominumque locōrum-

que errāmus ventō hūc vāstīs et flūctibus āctī.

Multa tibi ante ārās nostrā cadet hostia dextrā."

Tum Venus: "Haud equidem tālī mē dignor honōre: 335

virginibus Tyriīs mōs est gestāre pharetram

purpureōque altē sūrās vincīre coturnō. –

Pūnica rēgna vidēs, Tyriōs et Agēnoris urbem,

sed fīnēs Libycī, genus intractābile bellō;

340 imperium Dīdō Tyriā regit urbe profecta,

germānum fugiēns. Longa est iniūria, longae

ambāgēs; sed summa sequar fastīgia rērum:

Huic coniūnx Sȳchaeus erat, dītissimus aurī

Phoenīcum et magnō miserae dīlēctus amōre,

345 cui pater intāctam dederat prīmīsque iugārat

ōminibus. Sed rēgna Tyrī germānus habēbat

Pygmaliōn, scelere ante aliōs immānior omnīs!

Quōs inter medius vēnit furor. Ille Sychaeum

impius ante ārās atque aurī caecus amōre

350 clam ferrō incautum superat, sēcūrus amōrum

germānae; factumque diū cēlāvit et aegram

multa malus simulāns vānā spē lūsit amantem.

Ipsa sed in somnīs inhumātī vēnit imāgō

coniugis ōra modīs attollēns pallida mīrīs;

355 crūdēlīs ārās trāiectaque pectora ferrō

nūdāvit, caecumque domūs scelus omne retēxit.

pha|ret-ram
coturnus
-ī *m*
          —sūra

purpureus -a -um < purpura
sūra -ae *f* = crūris pars posterior
Pūnicus -a -um < Phoenīcē -ēs *f*
Tyriī -ōrum *m pl*, cīvēs Tyriī
Agēnor -is *m*, rēx Tyrī antīquus
Libycus -a -um < Libya
sunt fīnēs Libycī (= terra Libyca)
genus = gēns (Libyca)
in-tractābilis -e = ferōx, invictus
Dīdō -ōnis *f*; D. imperium regit (: imperat), Tyriā urbe (: Tyrō) profecta
germānus -ī *m* = frāter
longa est iniūria : longum est nārrāre
  iniūriam (Dīdōnī factam)
ambāgēs -um *f pl* = nārrātiō varia
fastīgium -ī *n* = culmen; summa fastīgia rērum sequar = praecipuās rēs
  nārrābō | Sychaeus -ī *m*
dītissimus -a -um = dīvitissimus *sup*

Phoenīcēs -um *m pl*, incolae Phoenī-
  cēs | dī-ligere -lēxisse -lēctum
miserae (*dat*) dīlēctus = ā miserā d.
cui pater in-tāctam (: virginem) *eam*
  dederat prīmīsque ōminibus iugā-
  verat | iugāre = coniugiō iungere
ōmen -inis *n* = signum quod rem fu-
  tūram prōmittit; 'prīma (: optima)
  ōmina' novīs coniugibus dantur
rēgna Tyrī : rēgn*um* Tyrī
ante aliōs omn*ēs* immānior (: immānis) = aliīs omnibus immānior
inter quōs (Sychaeum et Pygmaliō-
  nem)
furor -ōris *m* (< furere) = īra furēns,
  īnsānia
(animō) caecus : āmēns

in-cautus -a -um ↔ cautus
ferrō superat : gladiō occīdit
sēcūrus -a -um = sine cūrā; sēcūrus
  amōrum = nōn cūrāns amōrēs
germāna -ae *f* = soror

multa simulāns malus amantem aegram (: dolentem) vānā spē *ē*-lūsit
vānus -a -um = vacuus, frūstrā factus
sed in somnīs vēnit ipsa imāgō con-
  iugis in-humātī | *hūmāre* = sepelīre
in-hūmātus -a -um = nōn sepultus

ō*s* pallid*um* mīr*ō* mod*ō* at-tollēns
at-tollere = tollere
ār*am* crūdēl*em* (: cruentam) pectu*s*-
  que ferrō trā-iect*um* nūdāvit
(corpus) trā-icere -iō -iēcisse -iectum
  = trānsfīgere
caecus : occultus
re-tegere = aperīre (↔ cēlāre)

celerāre = properāre | *ex* patriā
suādēre +*īnf* = suādēre ut +*coni*

auxilium viae : ad auxilium in itinere
veterēs thēsaurōs *in* tellūre reclūdit
re-clūdere -sisse -sum = retegere,
patefacere

Tum celerāre fugam patriāque excēdere suādet,

auxiliumque viae veterēs tellūre reclūdit

thēsaurōs, ignōtum argentī pondus et aurī.

Hīs commōta fugam Dīdō sociōsque parābat.   360

: conveniunt quī tyrannum crūdēlem
aut ōderant aut ācriter metuēbant

Conveniunt quibus aut odium crūdēle tyrannī

nāv*ēs* quae forte parātae *erant* corripiunt

aut metus ācer erat; nāvīs quae forte parātae

corripiunt onerantque aurō. Portantur avārī

dux factī *fuit* fēmina

Pygmaliōnis opēs pelagō – dux fēmina factī!

dē-venīre = venīre, pervenīre
dē-venēr*unt in* locōs

Dēvēnēre locōs ubi nunc ingentia cernēs   365

Libycī Tyriīs vēndidērunt tantum solī
'quantum *pelle taurīnā circumdare*
possent!' | taurīnus -a -um < taurus
mercārī = emere; solum mercātī *sunt*
Byrsa *Gr* = pellis taurīna (dē nōmine
factī *arcem* 'Byrsam' *vocāvērunt*)
tergō taurīnō : pelle taurīnā (Tyriī
pellem taurīnam in longa fīla tenu-
issima secuērunt!)
quī tandem *estis?* aut ab quibus ōrīs
vēnistis?

moenia surgentemque novae Karthāginis arcem,

mercātīque solum (factī dē nōmine 'Byrsam')

'taurīnō quantum possent circumdare tergō.' –

Sed vōs quī tandem? quibus aut vēnistis ab ōrīs?

quō-ve | iter tenēre = īre
Venerī tālibus *verbīs* quaerentī ille
(Aenēās) ... *respondit:* "..."
su-spīrāre = graviter spīrāre ob dolōrem
Olympus -ī *m*, mōns Graeciae altissimus (sēdēs deōrum); caelum
ab prīmā orīgine re-petēns
vacāre = vacuus esse; vacat = tem-
pus vacat | et *sī tibi* vacet
annālēs -ium *m pl* = nārrātiō rērum
singulīs annīs gestārum; -īs : -*ēs*
ante*quam fīnem fēcerō* Vesper (stēlla
vesperī) diem compōnet (: fīniet)
clausō Olympō : caelō obscūrō
sī forte per vestrās aur*ēs* iit Trōiae
nōmen = sī forte nōmen Trōiae
audīvistis (vōs Tyriī)
: tempestās nōs, Trōiā antīquā per
dīversa aequora vectōs, forte suā
ad Libyc*ās* ōr*ās* appulit
fors fortis *f* = fortūna, cāsus

quōve tenētis iter?" Quaerentī tālibus ille   370

suspīrāns īmōque trahēns ā pectore vōcem:

"Ō dea, sī prīmā repetēns ab orīgine pergam

et vacet annālīs nostrōrum audīre labōrum,

ante diem clausō compōnet Vesper Olympō.

Nōs Trōiā antīquā – sī vestrās forte per aurīs   375

Trōiae nōmen iit – dīversa per aequora vectōs

forte suā Libycīs tempestās appulit ōrīs.

20

Sum pius Aenēās, raptōs quī ex hoste Penātīs

classe vehō mēcum, fāmā super aethera nōtus.

380 Italiam quaerō patriam et genus ab Iove summō.

Bis dēnīs Phrygium cōnscendī nāvibus aequor,

mātre deā mōnstrante viam data fāta secūtus;

vix septem convulsae undīs Eurōque supersunt.

Ipse ignōtus, egēns, Libyae dēserta peragrō

385 Eurōpā atque Asiā pulsus." Nec plūra querentem

passa Venus mediō sīc interfāta dolōre est:

"Quisquis es, haud (crēdō) invīsus caelestibus aurās

vītālīs carpis, Tyriam quī advēneris urbem.

....

390 Namque tibī 'reducēs sociōs classemque relātam'

nūntiō 'et in tūtum versīs Aquilōnibus āctam.'

....

401 Perge modo, et quā tē dūcit via dīrige gressum!"

Dīxit – et āvertēns roseā cervīce refulsit,

ambrosiaeque comae dīvīnum vertice odōrem

spīrāvēre; pedēs vestis dēflūxit ad īmōs,

405 et vēra incessū patuit dea! ⏐ Ille ubi mātrem

agnōvit, tālī fugientem est vōce secūtus:

---

quī Penātēs ex hoste raptōs classe
mē-cum vehō

aethēr -eris *m, acc sg Gr* -era; super
aethera : in caelō

It-a-li|am ⏐ Italiam patriam et genus
ab Iove summō: Dardanus, Iovis
filius, auctor gentis Trōiānae, in
Italiā nātus esse dīcitur

bis dēnīs (: vīgintī) nāvibus
aequor cōnscendī : in aequor (mare)
profectus sum

data fāta : fātōrum prōmissa

vix super-sunt septem *nāvēs*
con-vellere -lisse -vulsum = iactāre
super-esse = reliquus esse, restāre

loca dēserta ⏐ pe|rag-rō
(loca) per-agrāre = (per loca) errāre

ex Eurōpā atque Asiā pulsus

: Venus, quae eum plūra querī passa
nōn est, inter medium eius dolōrem
sīc fāta est: "..." ⏐ inter-fārī

haud invīsus (: cārus) *dīīs* caelestibus
vītālis -e < vīta; aurās vītālēs car-
pere = animam dūcere, vīvere
Tyriam quī advēneris (*coni perf*)
urbem = cum advēneris (quoniam
advēnistī) *ad* urbem Tyriam

re-dux -ucis *adi* = quī reductus est,
reversus; 'sociōs reducēs *esse...*'

vertex

in tūtum
locum

cervīx -īcis *f*
= collī pars
posterior

gressus -ūs *m* (< gradī) = gradūs
dī-rigere -rēxisse -rēctum = regere;
gressum dīrigere = rēctā viā gradī
ita dīxit – et *sē* āvertēns
roseus -a -um < rosa
re-fulgēre -sisse = fulgēre, splendēre

ambrosius -a -um = dīvīnus
vertex -icis *m* = pars summa capitis;
ā vertice
vestis ad īmōs pedēs dē-flūxit
dē-fluere -flūxisse = deorsum fluere

incessus -ūs *m* = modus incēdendī
patuit : appāruit (vēram deam sē
ostendit)

agnōscere = cognōscere (quid sit)
fugientem tālī vōce secūtus est: "..."

nātum (= fīlium) *tuum* | totiēns = -iēs
tū quoque : sīcut Iūnō (Trōiānīs inimīca)
lūdere +*acc* = ēlūdere, dērīdēre
dextram dextrae (*dat*) iungere

nōn datur : nōn licet

tālibus *verbīs* incūsat (= accūsat)
gressum tendere = gradī, contendere
Venus *eōs* gradientēs obscūrō āere
 (: nūbe, nebulā) saepsit
saepīre -psisse -ptum = cingere
amictus -ūs *m* = pallium, tegmen
dea multō (: magnō) amictū nebulae
 eōs circum-fūdit
nē quis eōs cernere neu (= nē-ve)
 contingere posset
: nē-ve quis *iīs* moram mōlīrī (: facere) posset aut causās veniendī
 poscere (: quaerere cūr vēnissent)

Paphus -ī *f*, urbs Cyprī Venerī sacra
sublīmis -e = altē volāns
sub|lī-mi-s a|bit
ubi templum illī *est*
Sabaeus -a -um < Saba -ae *f*, cīvitās
 Arabiae (unde venit tūs)
tūs tūris *n:* ē tūre incēnsō venit dulcis
 fūmus | calēre = calidus esse, ārdēre
recēns -entis *adi* = novus, integer
hālāre = odōrem ēmittere
serta -ae *f* = flōrum catēna

viam corripere = celeriter īre
sēmita -ae *f* = parva via angusta

plūrimus -a -um = māximus

(arcēs) ad-versās : adversus eōs sitās
aspectāre = aspicere, spectāre
dēsuper = dē locō superiōre

mōlem : ampla aedificia
māgālia -ium *n pl* = casae

strātum -ī *n* < sternere; strāta viārum = viae strātae (lapidibus)
in-stāre = studiōsē labōrāre, adnītī
ārdēns = accēnsus, ācerrimus
pars... pars = aliī ... aliī; pars dū*cit*...
 mōlī*tur*... subvolv*it...,* pars opt*at*...
 conclū*dit* (*īnf prō ind*)
(arcem) mōlīrī = exstruere
sub-volvere = sūrsum volvere
tēctō : ad domum (aedificandam)
con-clūdere = cingere (claudendō)
sulcus -ī *m* = līnea in solō arāta (fīnis
 aedificiī statuitur circum arandō)

"Quid nātum totiēns – crūdēlis tū quoque! – falsīs

lūdis imāginibus? Cūr dextrae iungere dextram

nōn datur ac vērās audīre et reddere vōcēs?"

Tālibus incūsat, gressumque ad moenia tendit.   410

At Venus obscūrō gradientīs āere saepsit

et multō nebulae circum dea fūdit amictū,

cernere nē quis eōs neu quis contingere posset

mōlīrīve moram aut veniendī poscere causās.

Ipsa Paphum sublīmis abit sēdēsque revīsit   415

laeta suās, ubi templum illī centumque Sabaeō

tūre calent ārae sertīsque recentibus hālant.

serta   tūs

Corripuēre viam intereā, quā sēmita mōnstrat,

iamque ascendēbant collem, quī plūrimus urbī

imminet, adversāsque aspectant dēsuper arcēs.   420

Mīrātur mōlem Aenēās, māgālia quondam,

mīrātur portās strepitumque et strāta viārum.

Īnstant ārdentēs Tyriī: pars dūcere mūrōs

mōlīrīque arcem et manibus subvolvere saxa,

pars optāre locum tēctō et conclūdere sulcō.   425

....

427 Hīc portūs aliī effodiunt, hīc alta theātrī

fundāmenta locant aliī, immānīsque columnās

rūpibus excīdunt, scaenīs decora alta futūrīs.

....

437 "Ō fortūnātī, quōrum iam moenia surgunt!"

Aenēās ait, et fastīgia suspicit urbis.

Īnfert sē saeptus nebulā – mīrābile dictū! –

440 per mediōs, miscetque virīs neque cernitur ūllī.

    Lūcus in urbe fuit mediā, laetissimus umbrā,

quō prīmum iactātī undīs et turbine Poenī

effōdēre locō signum, quod rēgia Iūnō

mōnstrārat: caput ācris equī; 'sīc' nam 'fore bellō

445 ēgregiam et facilem vīctū per saecula gentem.'

Hīc templum Iūnōnī ingēns Sīdōnia Dīdō

condēbat, dōnīs opulentum et nūmine dīvae,

aerea cui gradibus surgēbant līmina nexae-

que aere trabēs, foribus cardō strīdēbat aēnīs.

450 Hōc prīmum in lūcō nova rēs oblāta timōrem

lēniit, hīc prīmum Aenēās spērāre salūtem

ausus et afflīctīs melius cōnfīdere rēbus.

Namque sub ingentī lūstrat dum singula templō

ef-fodere -iō < ex + *fodere*
fodere -iō fōdisse fossum = terram
vertere *pālā*

pāla -ae *f*
immān*ē*sque columnās *ē* rūpibus excīdunt
ex-cīdere -disse -sum < ex + caedere
decus -oris *n* = ōrnāmentum

fastīgium -ī *n* = tēctum, culmen,
turris

sē īn-ferre = intrāre, incēdere
dictū *sup II*

per mediōs *hominēs*, miscetque *sē*
virīs neque cernitur ūllī (= ab ūllō)

laetus = quī dēlectat, grātus

Poenī -ōrum *m pl* = Phoenīcēs
quō locō Poenī – iactātī undīs et turbine – prīmum effōdē*runt* caput
ācris equī, signum *imperiī futūrī*,
quod rēgia Iūnō mōnstrā*verat*
(: docuerat)

nam 'sīc' (: equitātū) gentem (Poenōrum) fore bellō ēgregiam et facilem
vīctū per saecula' *dīxerat Iūnō*
facilis vīctū = vītā facilis, fortūnātus

Sīdōnius -a -um   gradūs
< Sīdōn -ōnis *f*,
urbs Phoenīcēs
opulentus -a -um (< opēs) = dīves
dīva -ae *f* = dea; nūmine dīvae : deā
praesente
cui aerea līmina gradibus surgēbant
: in quō aereum līmen super gradūs
positum erat | nex-ae-||qu'ae-re
trabēs aere nexae (?) *erant*
aēneus/aēnus -a -um = aereus; *in*
foribus aēnīs

nova (: mīra) rēs *eī* ob-lāta (: quae
eī sē obtulit, quae eī appāruit)

lēnīre = temperāre, levāre; -iit = -īvit

ausus *est*
af-flīgere -xisse -ctum = frangere
(animum), dēspērantem facere;
afflīctus = dēspērātus
dum singula (opera) lūstrat
lūstrāre = percurrere oculīs, īnspicere

23

dum intrā sē (: animō suō) mīrātur
quae fortūna sit urbī artificumque
manūs operumque labōrem
artifex -icis *m* = vir quī artem scit
manūs : manuum opus

(ex) ōrdine = alteram post alteram...
pugnās *pictās* < *pingere* pīnxisse pictum = imāginem facere colōribus

vulgāre = vulgō nōtum facere
Atrīdēs -ae *m,* fīlius Atreī; *pl* Mene-
lāus et Agamemnōn, ducēs Graecō-
rum (pater: Atreus -ī *m*) | At-rī|dās
ambō -ae -ō = duo (simul), uterque;
dat m -ōbus: Achillēs Menelāō et
Agamemnonī inimīcus (saevus)
erat | quī locus...?

Achātē *voc Gr*

nōn plēna *est* nostrī labōris?

ēn = ecce
sua praemia laudī : digna praemia
factīs laudandīs

lacrimae rērum : dolor ob malās rēs
mentem mortālia tangunt : mortālia
(hūmāna) fāta mentem afficiunt
solve...! : tolle...!
haec fāma

pictūra -ae *f* = imāgō picta
inānis -e = vacuus (: sine vītā)

ūmectāre = ūmidum facere
largō flūmine : multīs lacrimīs
imāginēs vidēbat... (*v.* 466–493)
utī = ut, quōmodo (+*coni*)
circum Pergama
Pergama -ōrum *n pl,* arx Trōiae
hāc *parte* : hīc | iuventūs : iuvenēs

Phrygēs -um *m pl* : Trōiānī; (ut) hāc
fugerent Phryges (*nōm pl Gr* = -ēs)
īn-stāre = premere, impetum facere
cristātus -a -um = galeā cristātā
armātus

Rhēsus -ī *m,* rēx Thrāciae
prō-dere -didisse -ditum = hostī trādere; prōdita prīmō somnō: Diomēdēs Rhēsum in tentōriō dormientem
occīdit et equōs abdūxit, nam praedictum erat 'Trōiam invictam fore
sī equī Rhēsī pābulum Trōiae ēdis-
sent et aquam Xanthī bibissent'
vāstāre = vāstum/dēsertum facere

rēgīnam opperiēns, dum quae fortūna sit urbī

artificumque manūs intrā sē operumque labōrem   455

mīrātur, videt Īliacās ex ōrdine pugnās

bellaque iam fāmā tōtum vulgāta per orbem,

Atrīdās Priamumque et saevum ambōbus Achillem.

Cōnstitit et lacrimāns "Quis iam locus" inquit,

   "Achātē,

quae regiō in terrīs nostrī nōn plēna labōris?   460

Ēn Priamus! Sunt hīc etiam sua praemia laudī,

sunt lacrimae rērum, et mentem mortālia tangunt.

Solve metūs! Feret haec aliquam tibi fāma salū-

   tem."

Sīc ait atque animum pictūrā pāscit inānī

multa gemēns, largōque ūmectat flūmine vultum.   465

Namque vidēbat utī bellantēs Pergama circum

hāc fugerent Grāiī, premeret Trōiāna iuventūs,

hāc Phryges, īnstāret currū cristātus Achillēs.

crista -ae *f*  galea cristāta   tentōrium -ī *n*

vēlum

Nec procul hinc Rhēsī niveīs tentōria vēlīs

agnōscit lacrimāns, prīmō quae prōdita somnō   470

Tȳdīdēs multā vāstābat caede cruentus

ārdentīsque āvertit equōs in castra priusquam

pābula gustāssent Trōiae Xanthumque bibissent.

Parte aliā fugiēns āmissīs Trōilus armīs,

475 īnfēlīx puer atque impār congressus Achillī,

fertur equīs currūque haeret resupīnus inānī,

lōra tenēns tamen; huic cervīxque comaeque tra-

huntur

per terram, et versā pulvis ¹īnscrībitur hastā.

Intereā ad templum nōn aequae Palladis ībant

480 crīnibus Īliadēs passīs peplumque ferēbant

suppliciter, trīstēs et tūnsae pectora palmīs;

dīva solō fīxōs oculōs āversa tenēbat.

Ter circum Īliacōs raptāverat Hectora mūrōs

exanimumque aurō corpus vēndēbat Achillēs:

485 tum vērō ingentem gemitum dat pectore ab īmō,

ut spolia, ut currūs, utque ipsum corpus amīcī

tendentemque manūs Priamum cōnspexit inermīs.

Sē quoque prīncipibus permixtum agnōvit Achīvīs,

Ēōāsque aciēs et nigrī Memnonis arma.

490 Dūcit Amāzonidum lūnātīs agmina peltīs

Penthesilēa furēns mediīsque in mīlibus ārdet,

Xanthus -ī *m* (= *Scamander* -drī *m*),
fluvius apud Trōiam
ā-vertit : ab-dūxit

gustāssent = gustā*vi*ssent
Xanthum : aquam Xanthī

in aliā parte
Trōilus -ī *m*, Priamī fīlius minimus,
ab Achille occīsus
con-gredī -gressum (+*dat*) = con-
venīre ad pugnam (cum)
fertur : trahitur
in currū inānī haeret (: fīxus tenētur)
(re-)supīnus -a -um = in tergō iacēns
(↔ prōnus)

lōra -ōrum *n pl*

pulvis -eris *m* = terra sicca mollis;
pulvis versā hastā īnscrībitur : in
pulvere hasta versa līneam dūcit
aequus -a -um = iūstus, favēns; nōn
aequa = īnfēnsa, inimīca (Trōiānīs)
ad templum... Palladis ībant Īliadēs
Īlias -adis *f* = fēmina Trōiāna
peplus -ī *m*, vestis pretiōsa quae diē
fēstō Minervae trāditur | pep|lum
tundere tutudisse tūnsum = pulsāre;
tūnsae pectora = pectora tundentēs

dīva āversa oculōs *in* solō fīxōs
tenēbat
Hectora *acc Gr* = Hectorem
raptāre = raptum trahere
Achillēs Hector*em* ter circum mūrōs
Īliacōs raptāverat exanimumque
corpus aurō vēndēbat *Priamō*
ex-animus -a -um = mortuus (sine
animā)
gemitum dat *Aenēās*

spolia -ōrum *n pl* = arma hostis victī
praeda bellō capta | curr*ūs* : curr*um*
amīcī : Hectoris

Priamum manūs inermēs tendentem
per-miscēre + *dat:* prīncipibus permixtum : inter prīncipēs pugnantem
Achīvī -ōrum *m pl* = Graecī
Ēōus -a -um (< Ēōs *f* = Aurōra) : ex
oriente | nig-rī (*spondēus*)
Memnōn -onis *m*, rēx Aethiopiae
Amāzon(id)ēs -um *f pl* = mīlitēs fēminae; Penthesilēa dūcit Amāzonidum agmina lūnātīs peltīs *armāta*
pelta -ae *f* = clipeus | lūnātus -a -um
= cui est fōrma lūnae dīmidiae
Penthesilēa -ae *f*, rēgīna Amāzonum
ārdet : ārdenter pugnat

25

sub-nectere +*dat* = nectere/ligāre sub
ex-serere -uisse -sertum : nūdāre
mamma -ae *f* = pectus mulieris
bellātrīx (-īcis *f* = fēmina bellāns) exsertae mammae subnectēns aure*um*
cingul*um* (-ī *n:* quō corpus cingitur)
con-currere (+*dat*) = congredī
Dardanius -a -um = Trōiānus; <Dar-
danus -ī *m*, rēx Phrygiae antīquus
ob-tūtus -ūs *m* < *ob-tuērī* = intuērī; in
ūnō obtūtū dē-fīxus (= fīxus) haeret

Amāzōn
-onis *f*

mamma—
cingulum—
stīpāre = circumdare
(cūstōdibus)
quālis ... tālis (*v.*503)
Eurōtās -ae *m*, flūmen ad Spartam
iugum -ī *n* = summus mōns longus
Cynthus -ī *m*, mōns Dēlī īnsulae
chorus -ī *m* = cantantium caterva;
chorōs exercēre : chorōs dūcere
glomerāre = contrahere, colligere;
pass convenīre | pha|ret-ram
Oreas -adis *f*, Nympha montium;
nōm pl Gr Orēades = -*ēs*
super-ēminēre = ēminēre super

Lātōna -ae *f*, dea, māter Diānae
per-temptāre = valdē afficere
gaudi*um* pertemptá*t* pectus tacitum
Lātōnae (: Lātōna tacita gaudet)
sē ferre = īre, prōcēdere; tālem sē
ferēbat = tālis prōcēdēbat

in-stāre +*dat* = dīligenter cūrāre
rēgnōque futūrō
foribus : intrā forēs (templī Iūnōnis)
testūdō -inis *f* = cella cuius tēctum
curvum est; *in* mediā testūdine
sub-nīxus -a -um = quī sustinētur
re-sīdere -sēdisse = cōnsīdere

nōmen sorte
trahitur
sors
sortis *f*

aequābat = aequē dīvidēbat
sorte *nōmina* trahēbat

concursus -ūs *m* < con-currere; con-
cursū magnō = multīs concurrenti-
bus
Anthea *acc Gr* = -um
Antheus, Sergestus, Cloanthus -ī *m*,
Trōiānī, sociī Aenēae

quōs āter turbō (: tempestās turbida)
in aequore dispulerat (< dis-pellere)

penitus *adv* = procul
ad aliās ōrās

aurea subnectēns exsertae cingula mammae

bellātrīx, audetque virīs concurrere virgō!

    Haec dum Dardaniō Aenēae mīranda videntur,

dum stupet obtūtūque haeret dēfīxus in ūnō,   495

rēgīna ad templum fōrmā pulcherrima Dīdō

incessit magnā iuvenum stīpante catervā.

Quālis in Eurōtae rīpīs aut per iuga Cynthī

exercet Dīāna chorōs, quam mīlle secūtae

hinc atque hinc glomerantur Orēades; illa pharetram 500

fert umerō gradiēnsque deās superēminet omnīs

  (Lātōnae tacitum pertemptant gaudia pectus!):

tālis erat Dīdō, tālem sē laeta ferēbat

per mediōs, īnstāns operī rēgnīsque futūrīs.

Tum foribus dīvae, mediā testūdine templī,   505

saepta armīs soliōque altē subnīxa resēdit.

Iūra dabat lēgēsque virīs, operumque labōrem

partibus aequābat iūstīs aut sorte trahēbat

– cum subitō Aenēās concursū accēdere magnō

Anthea Sergestumque videt fortemque Cloanthum 510

Teucrōrumque aliōs, āter quōs aequore turbō

dispulerat penitusque aliās āvēxerat ōrās.

Obstipuit simul ipse, simul percussus Achātēs

laetitiāque metūque; avidī coniungere dextrās

515 ārdēbant, sed rēs animōs incognita turbat.

Dissimulant et nūbe cavā speculantur amictī:

quae fortūna virīs? classem quō lītore linquant?

quid veniant? cūnctīs nam lēctī nāvibus ībant

ōrantēs veniam et templum clāmōre petēbant.

520 Postquam intrōgressī et cōram data cōpia fandī,

māximus Īlioneūs placidō sīc pectore coepit:

"Ō rēgīna, novam cui condere Iuppiter urbem

iūstitiāque dedit gentīs frēnāre superbās,

Trōēs tē miserī, ventīs maria omnia vectī,

525 ōrāmus: prohibē īnfandōs ā nāvibus ignīs!

Parce piō generī et propius rēs aspice nostrās!

Nōn nōs aut ferrō Libycōs populāre Penātīs

vēnimus, aut raptās ad lītora vertere praedās

– nōn ea vīs animō nec tanta superbia victīs!

530 Est locus, 'Hesperiam' Grāiī cognōmine dīcunt,

terra antīqua, potēns armīs atque ūbere glaebae;

Oenōtrī coluēre virī; nunc fāma: 'minōrēs

'Italiam' dīxisse ducis dē nōmine gentem'.

ob-stipēscere -puisse = obstupēscere
(animō) percussus : perturbātus

avidus -a -um = valdē cupidus

ārdēre +*īnf* = ārdenter cupere
in-cognitus -a -um = ignōtus, mīrus
dis-simulāre = simulāre sē abesse
speculārī = explōrāre, quaerere
amicīre -uisse -ctum = vestīre, operīre; nūbe cavā amictī (: cīnctī)
quae fortūna *sit* virīs? *in* quō lītore
classem linquant (: līquerint)?
legere lēgisse lēctum = ēligere
nam *ē* cūnctīs nāvibus lēctī (ēlēctī,
lēgātī) ībant
venia : grātia (↔ poena)
cum clāmōre

intrō-gredī -gressum = intrāre; post-
quam intrōgressī *sunt* | cōram *adv*
cōpia -ae *f* + *ger* = tempus ac potestās
(reī agendae); data *est* cōpia fandī
= iīs fārī permissum est/licuit
placidō pectore (: animō) sīc *loquī*
coepit: "..."
cui Iuppiter novam urbem condere
dedit (: permīsit)

(gent*ēs*) frēnāre = regere, subicere

maria omnia *acc* = *per* omnia maria

prohibē ign*ēs* ā nāvibus! = prohibē
nē nāvēs incendantur!

piō generī *nostrō* (: Trōiānō)
propius : benignius
populārī/populāre = vāstāre; populā*re* vēnimus = populā*tum* vēnimus
Libycōs Penātēs : domōs Libycās

vertere : āvertere, auferre

nōn ea vīs animō *nostrō* nec tanta
superbia *nōbīs* victīs *est!*

Hesperia -ae *f*, 'terra occidentis'
dīcunt : appellant

ūber -eris *n* = cōpia frūgum
glaeba -ae *f* = solum, ager
Oenōtrī -ōrum *m pl*, incolae Italiae
antīquī; O. *eam terram* coluē*runt*
fāma *est* 'minōrēs (: posterōs eōrum)
gentem (: terram) 'Italiam' dīxisse
dē nōmine ducis' (cui nōmen 'Ita-
lus' fuisse dīcitur) | It-a-li|am

27

*versus nōn integer (item v.*560,636) *Ōrīōn* -onis *m*, sīdus; cum nimbō et tempestāte (flūctū) orīrī solet ad-surgere = surgere, orīrī nimbōsus -a -um < nimbus	Hic cursus fuit, Ōrīōn cum subitō adsurgēns flūctū nimbōsus Ōrīōn 535
in vada caeca (: occulta) *nāvēs* tulit penitus(: lātē)que... dispulit (*v.*538) procāx -ācis *adi* = audāx, ferōx salum -ī *n* = mare turbidum, flūctūs invius -a -um = sine viā, difficilis aditū ad-nāre +*dat* = nāre/natāre ad; *ad* vestr*ās* ōr*ās* adnāvimus	in vada caeca tulit penitusque procācibus Austrīs perque undās superante salō perque invia saxa dispulit; hūc paucī vestrīs adnāvimus ōrīs.
: quae-ve patria tam barbara est ut hunc mōrem permittat? ... hunc mōrem : advenās ā lītore pro- hibēre	Quod genus hoc ǀ hominum? quaeve hunc tam barbara mōrem
hospitium -ī *n* = iūs hospitum (bene recipiendōrum); *ab* hospitiō harē- nae (: lītoris) prohibēmur! ciēre cīvisse citum = excitāre *in* prīmā terrā (: in ōrā maritimā) *nōs* vetant cōnsistere	permittit patria? Hospitiō prohibēmur harēnae! 540 Bella cient prīmāque vetant cōnsistere terrā!
mortālia : mortālium (hominum) temnere = contemnere	Sī genus hūmānum et mortālia temnitis arma,
spērāte deōs : respicite deōs fandum/ne-fandum -ī *n* : fās/nefās, iūs/iniūria	at spērāte deōs memorēs fandī atque nefandī!
quō nec pietāte iūstior fuit alter *quis- quam* nec bellō et armīs māior = quī et pietāte fuit omnium iūstissimus et bellō et armīs māximus	Rēx erat Aenēās nōbīs, quō iūstior alter nec pietāte fuit, nec bellō māior et armīs. 545
aurā aetheriā vescī = animam dū- cere, vīvere aetherius -a -um < aethēr oc-cubāre = cubāre mortuus *in* crūdēlibus umbrīs (: tenebrīs) : apud Īnferōs nōn metus *nōbīs est* nec tē paeniteat (: paenitēbit) *nōbīs- cum* officiō certāvisse priōrem sunt *nōbīs* et *in* Siculīs regiōnibus urbēs armaque...	Quem sī fāta virum servant, sī vescitur aurā aetheriā neque adhūc crūdēlibus occubat umbrīs, nōn metus, officiō nec tē certāsse priōrem paeniteat: sunt et Siculīs regiōnibus urbēs
Trōiānō ā sanguine: Acestēs, rēx Sici- liae, fīlius virī Trōiānī erat quassāre = quatiendō frangere *ōrō ut* liceat classem ventīs quassā- tam subdūcere *ex* silvīs (: arboribus) aptāre = parāre, expedīre stringere = efficere (ē rāmīs, foliīs dēmptīs) sī *nōbīs* datur (permittitur, licet) *in* Italiam... tendere ǀ I̲t̲-a-li̲ǀam	armaque, Trōiānōque ā sanguine clārus Acestēs. 550 Quassātam ventīs liceat subdūcere classem et silvīs aptāre trabēs et stringere rēmōs, sī datur Italiam, sociīs et rēge receptō,

28

tendere, ut Italiam laetī Latiumque petāmus.

555 Sīn absūmpta salūs, et tē, pater optime Teucrum,

pontus habet Libyae nec spēs iam restat Iūlī,

at freta Sīcaniae saltem sēdēsque parātās,

unde hūc advectī, rēgemque petāmus Acestēn."

Tālibus Īlioneûs; cūnctī simul ōre fremēbant

560 Dardanidae.

Tum breviter Dīdō vultum dēmissa profātur:

"Solvite corde metum, Teucrī, sēclūdite cūrās!

Rēs dūra et rēgnī novitās mē tālia cōgunt

mōlīrī et lātē fīnīs cūstōde tuērī. –

565 Quis genus Aeneadum, quis Trōiae nesciat urbem,

virtūtēsque virōsque aut tantī incendia bellī?

Nōn obtūnsa adeō gestāmus pectora Poenī,

nec tam āversus equōs Tyriā Sōl iungit ab urbe!

Seu vōs Hesperiam magnam Sāturniaque arva

570 sīve Erycis fīnīs rēgemque optātis Acestēn,

auxiliō tūtōs dīmittam opibusque iuvābō.

Vultis et hīs mēcum pariter cōnsīdere rēgnīs?

urbem quam statuō vestra est – subdūcite nāvīs!

Trōs Tyriusque mihī nūllō discrīmine agētur.

Marginal glosses:

It-a-li|am

sīn absūmpta *est* salūs | Teucr*ōrum*

spēs *salūtis* Iūlī restat (reliqua est)
Iūlus -ī *m* = Ascanius, fīlius Aenēae
I|ū-lī

freta -ōrum *n pl* = mare
Sīcania -ae *f* = Sicilia

advectī *sumus*
Acestēs, *acc Gr* -ēn

tālibus *verbīs locūtus est* Īlioneus
ōre fremēbant = vōce murmur (favēns) ēdēbant
Dardanidae -ārum *m pl* (< Dardanus)
= Trōiānī | *versus nōn integer*

vultum dēmissa : quae vultum dē-
mīsit | pro-fārī = clārē loquī

solvite *ē* corde metum! : nōlīte
metuere!
sē-clūdere -sisse -sum ↔ admittere

rēs dūra : rēs adversa/perīculōsa
novitās -ātis *f* < novus

cūstōde : cūstōdibus; cūstōde tuērī
= cūstōdīre

Aeneadum *gen pl* < Aeneadae
urbs Trōi*ae* (*gen*) = urbs Trōia
nesciat : nescīre potest

ob-tūnsus -a -um ↔ acūtus; (pectus)
obtūnsum = quod nihil sentit; nōn
obtūnsa ad-eō = nōn tam obtūnsa
nec tam ā-versus (: procul) ab urbe
Tyriā Sōl equōs iungit (: sōl oritur)
: nec tam barbarī sumus!
Sāturnius -a -um < Sāturnus; arva
Sāturnia: Latium, ubi Sāturnus
rēgnāvisse dīcitur
Eryx -ycis *m*, mōns Siciliae; Erycis
fīnēs, terra ad Erycem sita,
rēgnum Acestae
tūtōs *vōs* dīmittam

et vultis *in hōc* rēgn*ō* pariter (: ūnā)
mēcum cōnsīdere (sēdem capere)?

urb*s* quam statuō (: condō) vestra est

discrīmen < dis-cernere
mihī (: ā mē) nūllō discrīmine (: aequē, pariter) agētur (: habēbitur)

Atque utinam rēx ipse Notō compulsus eōdem   575

adforet Aenēās! Equidem per lītora certōs

dīmittam et Libyae lūstrāre extrēma iubēbō,

sī quibus ēiectus silvīs aut urbibus errat."

Hīs animum arrēctī dictīs et fortis Achātēs

et pater Aenēās iamdūdum ērumpere nūbem   580

ārdēbant. Prior Aenēān compellat Achātēs:

"Nāte deā, quae nunc animō sententia surgit?

Omnia tūta vidēs, classem sociōsque receptōs.

Ūnus abest, mediō in flūctū quem vīdimus ipsī

submersum – dictīs respondent cētera mātris."   585

Vix ea fātus erat, cum circumfūsa repente

scindit sē nūbēs et in aethera pūrgat apertum.

Restitit Aenēās clārāque in lūce refulsit

ōs umerōsque deō similis, namque ipsa decōram

caesariem nātō genetrīx lūmenque iuventae   590

purpureum et laetōs oculīs adflārat honōrēs

– quāle manūs addunt eborī decus,

  aut ubi flāvō

argentum Pariusve lapis circumdatur aurō.

Tum sīc rēgīnam adloquitur cūnctīsque repente

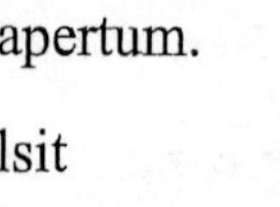

Left column glosses:

esse: *coni imperf* foret = esset,
  forent = essent
ad-*foret* (*af-foret*) = ad-*esset*
certōs : fīdōs

lūstrāre (= percurrere) extrēma *loca*

ē-iectus : ē marī in lītus ēiectus
sī *in* (*ali*)quibus silvīs aut urbibus
  ille ēiectus errat
ar-rigere -rēxisse -rēctum = incitāre;
  animum arrēctī = cum animum ar-
  rēxissent, animō arrēctī
iam-dūdum = iam dūdum, iam diū
nūbem ē-rumpere = ē nūbe ērumpere (repente excēdere)
ārdēre + *īnf* = valdē cupere
Aenēās, *acc Gr* -ān = -am
com-pellāre = appellāre, alloquī
nātus deā = fīlius deae
quae sententia nunc surgit (: oritur)
  in animō *tuō*?

ūnus abest : Orontēs (*v*. 113)

dictīs mātris (Veneris): *v*. 390-391
respondēre + *dat* = convenīre ad

circum-fundere -fūdisse -fūsum
nūbēs circumfūsa repente sē scindit
  et *sē* pūrgat in aethera apertum
pūrgāre = pūrum facere; (nūbēs) sē
  pūrgat : solvitur, effunditur

re-stitit (*perf* < re-stāre) = reliquus
  stetit
(deō similis) ōs umerōsque (*acc*)
  = ōre umerīsque (*abl*)
decōrus -a -um (< decor) = fōrmōsus
caesariēs -ēī *f* = crīnēs longī
ipsa genetrīx (Venus) nātō *suō* caesariem decōram (*dederat*)
iuventa -ae *f* = iuventūs
ad-flāre = flandō addere; adflāverat
honōrēs : dignam pulchritūdinem
ebur -oris *n*, māteria candida pretiōsa: dēns *elephantī*
tāle decus quāle manūs eborī addunt
  : *sīcut* manūs eborī decus addunt
decus -oris *n* = fōrma decēns
flāvus -a -um: flāvus est color aurī
ubi (: cum) argentum Pariusve lapis
  (: marmor) flāvō aurō circumdatur
Parius -a -um < Paros -ī *f*, īnsula
  unde venit marmor (Parius lapis)
ad-loquī = al-loquī

elephantus -ī *m*

30

595 imprōvīsus ait: "Cōram, quem quaeritis, adsum,

Trōius Aenēās, Libycīs ēreptus ab undīs.

Ō sōla īnfandōs Trōiae miserāta labōrēs,

quae nōs, reliquiās Danaum, terraeque marisque

omnibus exhaustīs iam cāsibus, omnium egēnōs,

600 urbe, domō sociās – grātēs persolvere dignās

nōn opis est nostrae, Dīdō, nec quidquid ubīque est

gentis Dardaniae, magnum quae sparsa per orbem.

Dī tibi, sī qua piōs respectant nūmina, sī quid

usquam iūstitiae est et mēns sibi cōnscia rēctī,

605 praemia digna ferant! Quae tē tam laeta tulērunt

saecula? Quī tantī tālem genuēre parentēs?

In freta dum fluviī current, dum montibus umbrae

lūstrābunt convexa, polus dum sīdera pāscet,

semper honōs nōmenque tuum laudēsque manēbunt,

610 quae mē cumque vocant terrae." Sīc fātus amīcum

Īlionēa petit dextrā laevāque Serestum,

post aliōs, fortemque Gyān fortemque Cloanthum.

Obstipuit prīmō aspectū Sīdōnia Dīdō,

cāsū dēinde virī tantō, et sīc ōre locūta est:

615 "Quis tē, nāte deā, per tanta perīcula cāsus

im-prōvīsus -a -um = inexspectātus;
cūnctīs (*dat*) imprōvīsus
cōram *adv* : praesēns (cōram vōbīs)

Trōius -a -um = Trōiānus
Trō-i-u|sAe-nē|ās

ō *rēgīna, quae* sōla īnfandōs Trōiae
labōrēs miserāta *es*

rel-i-qui|ās | Danaōrum
omnibus cāsibus terrae marisque
iam exhaustīs
(labōrēs/cāsūs) ex-haurīre : perferre
egēnus -a -um +*gen* = egēns
sociāre (+*abl*) = socium recipere (in)
grātēs per-solvere = grātiās agere
(ops) *gen* opis *f* = potestās; nōn est
opis nostrae = nōn possumus
nec *grātēs dignās persolvere potest*
quidquid ubīque est gentis Dardaniae, quae sparsa *est* per magnum
orbem *terrārum*

dī tibi ..... praemia digna ferant!
sī (*ali*)qua nūmina piōs respectant
re-spectāre = respicere, cūrāre
usquam = ūllō locō
cōnscius -a -um (+*gen*) = sciēns;
sibi cōnscia rēctī : quae scit sē
rēctē ēgisse
quae saecula (: tempora) tam laeta
tē tulērunt?

quī tantī (: tam nōbilēs) parentēs tālem *fīliam* genuēr*unt*?

freta : maria | dum : tam diū quam
in montibus
lūstrābunt convexa : percurrent vallēs curvās
sīcut *campus pecora* pāscit, ita
polus (: caelum) *sīdera* pāscit!

quae-cumque terrae mē vocant

Īlionē*a acc Gr* = Īlione*um*
eum dextrā petit = eī dextram dat

post *adv* = posteā, deinde

aspectus -ūs *m* < aspicere
Sīdōnia Dīdō obstipuit prīmō aspectū (: ubi prīmum eum aspexit), deinde tantō cāsū virī (: quia tantae
rēs virō acciderant)

quis cāsus (: quī cāsus, quae fortūna)
tē ... īnsequitur ?

31

Glossary (left column):

quae vīs *tē* immānibus ōrīs (: ad im-
mānēs ōrās) applicat?
ap-plicāre + *dat* = agere, appellere ad

tū-ne *es* ille Aenēās quem alma Venus Dardaniō Anchīsae (*dat*) genuit
(: peperit) ad undam Simoentis *fluviī*
Phrygiī? | Simois -entis *m*

Teucer -crī *m* (2) ē Graeciā expulsus
Sīdōnem vēnit et ā rēge (Bēlō) re-
ceptus est | Sīdōna *acc Gr* = *-em*

Bēlus -ī *m*, titulus rēgis Phoenīcum,
pater Dīdōnis

genitor (= pater) *meus*
opīmus -a -um = opulentus

diciō -ōnis *f* = potestās | Cyp|rum
Bēlus Cyprum, quam nūper vīcerat,
Teucrō novam patriam dedit

cāsus (: fortūna) urbis Trōiānae mihi
cognitus (= nōtus) *est*

Pelasgus -a -um = Graecus

ipse hostis : etsī hostis erat (Teucer)
Teucrōs (= Trōiānōs) < Teucer (1),
rēx Phrygiae antīquissimus
laude ferre = laudāre
stirps -pis *f* = genus
volēbat : affirmābat ('sē ortum *esse*
ā Teucrōrum stirpe antīquā')
quārē = quamobrem, ergō
ō iuvenēs, suc-cēdite tēctīs nostrīs!
(*dat*, = cēdite sub tēcta nostra!)
mē quoque – per multōs labōrēs iactātam – similis fortūna *in* hāc terrā
dēmum cōnsistere voluit
velle + *acc* + *īnf:* (fortūna) mē cōnsistere voluit = voluit (statuit) ut
cōnsisterem
suc-currere + *dat* = auxilium ferre

in rēgia tēcta = in rēgiam

in-dīcere = imperāre
templīs *dīvōrum* honōrem (: sacrificia) indīcit : indīcit ut ad templa
diīs sacrificia fiant
nec minus = nec nōn = atque etiam
sociīs *Aenēae*
horrentia : cum horrentibus *saetīs;*
saeta -ae *f* = capillus rigēns bēstiae
terga horrentia C magnōrum suum: C
magnōs suēs cum tergīs horrentibus
sūs suis *m/f* = porcus
C agnōs pinguēs cum mātribus
laetitia -ae *f* = rēs quae dēlectat
versus nōn integer

Main text (right column):

īnsequitur? quae vīs immānibus applicat ōrīs?

Tūne ille Aenēās quem Dardaniō ¹Anchīsae

alma Venus Phrygiī genuit Simoentis ad undam?

Atque equidem Teucrum meminī Sīdōna venīre

fīnibus expulsum patriīs, nova rēgna petentem   620

auxiliō Bēlī; genitor tum Bēlus opīmam

vāstābat Cyprum et victor diciōne tenēbat.

Tempore iam ex illō cāsus mihi cognitus urbis

Trōiānae nōmenque tuum rēgēsque Pelasgī.

Ipse hostis Teucrōs īnsignī laude ferēbat   625

sēque ortum antīquā Teucrōrum ā stirpe volēbat.

Quārē agite, ō tēctīs, iuvenēs, succēdite nostrīs!

Mē quoque per multōs similis fortūna labōrēs

iactātam hāc dēmum voluit cōnsistere terrā.

Nōn ignāra malī miserīs succurrere discō."   630

    Sīc memorat. Simul Aenēān in rēgia dūcit

tēcta, simul dīvum templīs indīcit honōrem.

Nec minus intereā sociīs ad lītora mittit

vīgintī taurōs, magnōrum horrentia centum

terga suum, pinguīs centum cum mātribus agnōs,   635

mūnera laetitiamque diēī.

At domus interior rēgālī splendida luxū

īnstruitur, mediīsque parant convīvia tēctīs:

arte labōrātae vestēs ostrōque superbō,

640 ingēns argentum mēnsīs, caelātaque in aurō

fortia facta patrum, seriēs longissima rērum

per tot ducta virōs antīquā ab orīgine gentis.

Aenēās – neque enim patrius cōnsistere mentem

passus amor – rapidum ad nāvīs praemittit Achātēn,

645 'Ascaniō ferat haec ipsumque ad moenia dūcat!'

– omnis in Ascaniō cārī stat cūra parentis.

Mūnera praetereā Īliacīs ērepta ruīnīs

ferre iubet: pallam signīs aurōque rigentem

et circum textum croceō vēlāmen acanthō,

crocus acanthus corōna

650 ōrnātūs Argīvae Helenae, quōs illa Mycēnīs,

Pergama cum peteret ' inconcessōsque hymenaeōs,

extulerat, mātris Lēdae mīrābile dōnum.

Praetereā scēptrum, Īlionē quae gesserat ōlim,

māxima nātārum Priamī, collōque monīle

655 bācātum, et duplicem gemmīs aurōque corōnam.

Haec celerāns iter ad nāvīs tendēbat Achātēs.

---

domus interior = pars domūs interior
rēgālis -e = rēgius

īnstruere +abl = ōrnāre
in mediīs tēctīs (in mediā rēgiā)
labōrātae (: cōnfectae) sunt
ostrum -ī n = purpura
superbus -a -um = magnificus
ingēns argentum (: argentī cōpia) in mēnsīs est
caelāre = imāginēs ēminentēs facere in aurō/argentō/marmore
: imāginēs fortium factōrum patrum
seriēs -ēī f = ōrdō; seriēs longissima rērum (gestārum) ducta per tot virōs ab antīquā orīgine gentis

neque enim patrius amor mentem cōnsistere (: cessāre, cūnctārī) passus est
Achātēn acc Gr

Ascanius -ī m = Iūlus, fīlius Aenēae
ut Ascaniō ferat haec (: nūntium dē hīs rēbus) ...; Aenēās: "Ascaniō fer haec ipsumque ad moenia dūc!"
omnis cūra cārī parentis in Ascaniō stat (: pōnitur)

ruīnae -ārum f pl = aedificia quae ruērunt, urbs dēstrūcta
palla -ae f = pallium fēminae
signīs aurōque : signīs aureīs
texere -uisse -xtum = ē fīlīs vestem cōnficere; circum ōram textum
croceus -a -um = flāvus (< crocus -ī m, genus flōris flāvī vel rubrī)
vēlāmen -inis n = vēlum rotundum quō corpus ōrnandī causā vestītur
acanthus -ī m, genus flōris fōrmōsī

ōrnātus -ūs m < ōrnāmentum
Mycēnae -ārum f pl, urbs Peloponnēsī
hymenaeī -ōrum m pl = coniugium
con-cēdere -cessisse -cessum = permittere; in-concessus -a -um = nōn permissus, iniūriā factus
Lēda -ae f, Helenae māter (ē Iove)

Īlionē -ae f, rēgīna Thrāciae, Priamī fīlia
nāta -ae f = fīlia
collō (dat) = ad collum
monīle -is n = collī ōrnāmentum
bācātus -a -um = margarītīs ōrnātus (< bāca -ae f = margarīta)
corōna -ae f = orbis nexus flōrum/ gemmārum; cum gemmīs aurōque
celerāre = celeriter agere
iter tendere = īre, contendere

Cytherēa -ae *f*, Venus (< Cythēra
-ōrum *n pl*, īnsula Venerī sacra)
novās artēs (: dolōs), nova cōnsilia
in pectore (: mente) versat
faciem et ōra mūtātus : postquam faciem (fōrmam) et ōra (ōs) mūtāvit

At Cytherēa novās artīs, nova pectore versat

cōnsilia: ut faciem mūtātus et ōra Cupīdō

(dōnīs) furentem incendat rēgīnam
: incendat rēgīnam ita ut furēns sit

prō dulcī Ascaniō veniat, dōnīsque furentem

im-plicāre + *dat:* ossibus (: corporī,
pectorī) implicet ignem (*amōris*)

incendat rēgīnam atque ossibus implicet ignem.   660

....

āliger -era -erum = quī ālās gerit
ad-fārī = alloquī
Amor -ōris *m* (deus) = Cupīdō
(fīlius Veneris)

Ergō hīs āligerum dictīs adfātur Amōrem: 663

"Nāte, meae vīrēs, mea magna potentia! – sōlus,

quī sōlus tēla Typhōea (: fulmina)
patris summī temnis (: nōn timēs)
Typhōeus -a -um < Typhōeus -ī *m*,
mōnstrum fulmine Iovis occīsum
nūmina : auxilium dīvīnum

nāte, patris summī quī tēla Typhōea temnis –   665

ad tē cōnfugiō et supplex tua nūmina poscō.

frāter tuus Aenēās : utrīusque māter
Venus
nōta (: nōt*um est*) tibi ut (: quōmodo)
frāter tuus Aenēās *in* pelagō circum omnia lītora iactētur odiīs
(: *ob* odium) Iūnōnis acerbae
nostrō dolōre doluistī : mēcum doluistī
Phoenissa -ae *f*, fēmina ex Phoenīcē
blandus -a -um = conciliāns, laudāns
morārī + *acc* = morantem facere

Frāter ut Aenēās pelagō tuus omnia circum

lītora iactētur ⏐odiīs Iūnōnis acerbae,

nōta tibi, et nostrō doluistī saepe dolōre.

Iūnōnius -a -um < Iūnō; hospiti*um*
Iūnōni*um:* Iūnō Aenēam hospitem
Dīdōnis Karthāgine retinērī vult
Iūnō haud cessābit tantō cardine
rērum (: tantō discrīmine)

Hunc Phoenissa tenet Dīdō blandīsque morātur   670

vōcibus, et vereor quō sē Iūnōnia vertant

hospitia – haud tantō cessābit cardine rērum!

quō-circā = quārē, ideō
rēgīnam dolīs ante capere et flammā
amōris cingere meditor
meditārī = cōgitāre, in animō habēre
nē (ali)quō nūmine (: ā Iūnōne im-
pulsa) sē (: cōnsilium) mūtet

Quōcircā capere ante dolīs et cingere flammā

rēgīnam meditor, nē quō sē nūmine mūtet,

sed magnō Aenēae mēcum teneātur amōre.   675

quā = quōmodo
accipe nostram mentem! : audī
meum cōnsilium!
accītū *abl* < *ac-cīre* = arcessere; accītū eius = ab eō accītus/arcessītus
rēgius puer (: Ascanius) ad urbem
Sīd*ō*niam (: Karthāginem) īre parat
mea māxima cūra : quem māximē
cūrō (: dīligō)

Quā facere id possīs nostram nunc accipe mentem:

Rēgius accītū cārī genitōris ad urbem

Sīdŏniam puer īre parat, mea māxima cūra,

34

dōna ferēns pelagō et flammīs restantia Trōiae.

680 Hunc ego sōpītum somnō super alta Cythēra

aut super Īdalium sacrātā sēde recondam,

nē quā scīre dolōs mediusve occurrere possit.

Tū faciem illīus noctem nōn amplius ūnam

falle dolō, et nōtōs puerī puer indue vultūs!

685 ut cum tē gremiō accipiet laetissima Dīdō

rēgālīs inter mēnsās laticemque Lyaeum,

cum dabit amplexūs atque ōscula dulcia fīget,

occultum īnspīrēs ignem fallāsque venēnō!"

Pāret Amor dictīs cārae genetrīcis et ālās

690 exuit et gressū gaudēns incēdit Iūlī.

At Venus Ascaniō placidam per membra quiētem

inrigat, et fōtum gremiō dea tollit in altōs

Īdaliae lūcōs, ubi mollis amāracus illum

flōribus et dulcī adspīrāns complectitur umbrā.

695   Iamque ībat dictō pārēns et dōna Cupīdō

rēgia portābat Tyriīs, duce laetus Achātē.

Cum venit, aulaeīs iam sē rēgīna superbīs

aureā composuit spondā mediamque locāvit;

iam pater Aenēās et iam Trōiāna iuventūs

---

dōna *ē* pelagō et et *ē* flammīs (: incen-
diō) Trōiae restantia
sōpīre = dormientem facere; sōpītum
somnō = dormientem
Cythēra -ōrum *n pl*, īnsula, Īdalium
-ī *n*, cīvitās Cyprī: loca Venerī sacra
in sacrātā sēde *meā* | sac|rā-tā
re-condere = cēlāre
nē quā = nē ūllō modō
medius occurrere = in mediās rēs
inter-venīre
amplius *adv comp* = plūs
nōn amplius *quam* ūnam noctem
faciem illīus falle dolō! = faciem
(: fōrmam) illīus falsam sūme!
nōtōs vultūs (: partēs vultūs: oculōs,
nāsum, ōs...)

in gremiō

latex -icis *m* = aqua, pōtiō
Lyaeus -a -um < Lyaeus -ī *m* = Bacchus; latex Lyaeus = vīnum

amplexus -ūs *m* < amplectī

īn-spīrāre (+*dat*)
īnspīrēs *eī* occultum ignem (amōris)
fallāsque *eam* venēnō
venēnum -ī *n* = pōtiō quae morbum
vel mortem affert

ex-uere -uisse -ūtum ↔ induere
I|ū-lī

amāracus

in-rigāre +*dat* = īn-fundere
fovēre fōvisse fōtum = amanter amplectī; dea *eum* fōtum *in* gremiō
tollit | Īdalia -ae *f* = Īdalium -ī *n*
amāracus -ī *m*, herba cuius flōrēs
ōdōrem iūcundum ad-spīrant
ad-spīrāre = odōrem ēmittere

aulaea

laetus duce Achātē (*abl*) : laetus
quia Achātēs dux erat

aulaea -ōrum *n pl* = vestēs pendentēs;
sub aulaeīs superbīs
sē com-pōnere : accumbere
sponda -ae *f* = lectus; rēgīna iam sē *in*
aureā spondā composuit mediam-
que *sē* locāvit
Trōiāna iuventūs = Trōiānī iuvenēs

super *prp* +*acc/abl:* strātō super
ostrō = super strātum ostrum
discumbitur (ab iīs) : discumbunt
lympha -ae *f* = aqua
Cerēs -eris *f* : pānis | *ē* canistrīs

mantēle -is *n*
ad tergendās
manūs et ōs

tondēre totondisse tōnsum = capil-
lum tollere cultrō
villus -ī *m* = capillus horrēns, saeta;
(mantēlia) tōnsīs villīs : sine villīs
intus *sunt* L famulae, quibus cūra
(: officium) *est* ōrdine longō penum struere (: īnstruere)
penus -ūs *f* = cibus quī servātur
ad-olēre = (sacrificiī causā) accen-
dere | Penātēs (diī focī) : focus
c aliae *famulae sunt*

onerent/pōnant : onerāre/pōnere dē-
bent

nec nōn et = atque etiam
per līmina : in triclīnium (ad convīvium)

pictus -a -um (*part* < pingere) = imāginibus ōrnātus; *in* torīs pictīs

'Iūlum' : Cupīdinem! | I|ū-lum

flag-ran|*tēs*-que
quīre -eō -īvisse = posse; ne-quīre =
nōn posse (ne-quit = nōn potest)
(vēlāmen) pictum acanthō = ōrnātum
acanthō pictō
īnfēlīx Phoenissa ...... ne-quit
pestis -is *f* = malum fātum, mors
dē-vovēre +*dat* = (fātō) trādere
ex-plēre = satis dare, *pass* satis habēre (ment*em* : ment*e*, animō)
ārdēscere = ārdēns fierī
tuērī =intuērī; tuendō *puerum dōna-
que*

complexus -ūs *m* < complectī; complexū collōque Aenēae : collum
Aenēae complexus
pendēre pependisse
implēre = plēnē praestāre

haec (: rēgīna) oculīs, haec pectore
tōtō *in puerō* haeret (: fīxa est) et
interdum *eum in* gremiō fovet Dīdō
īnscia (= quae nescit) quantus deus
sibi miserae īnsīdat (in gremiō)
īn-sīdere +*dat* = cōnsīdere in

conveniunt, strātōque super discumbitur ostrō. 700

Dant manibus famulī lymphās Cereremque

canistrīs   canistrum
            -ī *n*

expediunt tōnsīsque ferunt mantēlia villīs.

Quīnquāgintā intus famulae, quibus ōrdine longō

cūra penum struere et flammīs adolēre Penātīs;

centum aliae totidemque parēs aetāte ministrī, 705

quī dapibus mēnsās onerent et pōcula pōnant.

Nec nōn et Tyriī per līmina laeta frequentēs

convēnēre, torīs iussī discumbere pictīs.

Mīrantur dōna Aenēae, mīrantur 'Iūlum'

flagrantīsque deī vultūs simulātaque verba 710

pallamque et pictum croceō vēlāmen acanthō.

Praecipuē īnfēlīx, pestī dēvōta futūrae,

explērī mentem nequit ārdēscitque tuendō

Phoenissa, et pariter puerō dōnīsque movētur.

Ille ubi complexū Aenēae collōque pependit 715

et magnum falsī implēvit genitōris amōrem,

rēgīnam petit. Haec oculīs, haec pectore tōtō

haeret et interdum gremiō fovet, īnscia Dīdō

īnsīdat quantus miserae deus! At memor ille

720 mātris Acīdaliae paulātim abolēre Sychaeum

incipit et vīvō temptat praevertere amōre

iam prīdem residēs animōs dēsuētaque corda.

Postquam prīma quiēs epulīs mēnsaeque remōtae,

crātēras magnōs statuunt et vīna corōnant.

725 Fit strepitus tēctīs vōcemque per ampla volūtant

ātria; dēpendent lychnī laqueāribus aurĕīs

incēnsī et noctem flammīs fūnālia vincunt.

Hīc rēgīna gravem gemmīs aurōque poposcit

implēvitque merō pateram, quam Bēlus et omnēs

730 ā Bēlō solitī. Tum facta silentia tēctīs:

"Iuppiter! 'hospitibus' nam 'tē dare iūra' loquuntur,

hunc laetum Tyriīsque diem Trōiāque profectīs

esse velīs, nostrōsque huius meminisse minōrēs.

Adsit laetitiae Bacchus dator et bona Iūnō;

735 et vōs, ō coetum, Tyriī, celebrāte faventēs!"

Dīxit, et in mēnsam laticum lībāvit honōrem

prīmaque, lībātō, summō tenus attigit ōre;

tum Bitiae dedit increpitāns, ille impiger hausit

spūmantem pateram et plēnō sē prōluit aurō:

740 post aliī procerēs. Citharā crīnītus Iōpās

mōter Acīdalia (< ?) : Venus
ab-olēre = dēlēre (ē memoriā)
prae-vertere +abl = magis afficere
: animum iam prīdem residem et cor
(amōre) dēsuētum vīvō amōre prae-
vertere temptat
reses -idis adi = piger, tardus
dē-suētus -a -um (+abl); d. rē = quī
rem agere iam nōn solet, oblītus reī
postquam prīma quiēs epulīs facta
est mēnsaeque remōtae sunt
crātēr -is m = vās vīnī; -as acc pl Gr
statuere = stantem facere, pōnere
corōnāre = corōnīs ōrnāre (vīna : pō-
cula) | in tēctīs (: aedibus)
vōcem volūtāre = clāmāre

dē-pendēre = pendēre (dē)
lychnus -ī m = lucerna; lychnī incēnsī
laqueāria -ium n pl = tēctum interius
caelātum; dē laqueāribus aureīs
fūnāle -is n = fax (facta ex fūnibus
et cērā)
rēgīna pateram gemmīs aurōque
gravem (: pateram auream gem-
mātam) poposcit
Bēlus -ī m, prīmus rēx Phoenīcum
quam Bēlus et omnēs ā Bēlō (: Bēlī
posterī) implēre solitī sunt
solēre solitum esse (perf dēp)
factum est silentium in tēctō (: factō
silentiō in rēgiā) "Iuppiter!" inquit
nam : certē, scīlicet
loquuntur = āiunt (: tū hospitibus
iūra dare dīceris)
hunc diem laetum esse velīs! = fac
ut hic diēs laetus sit
Trōiā profectīs = iīs quī Trōiā pro-
fectī sunt
: et velīs nostrōs minōrēs huius diēī
meminisse = fac ut nostrī minōrēs
(: posterī) huius diēī meminerint
dator -ōris m = quī dat; laetitiae dator = quī laetitiam dat
coetus -ūs m < co-īre = con-venīre;
ō Tyriī, coetum celebrāte...!
celebrāre = fēstum habēre
laticēs -um m pl = vīnum; honōs (sacrificium) laticum = vīnum lībātum
lībāre = sacrificiī causā effundere
lībātō abl = postquam lībātum est
tenus prp +abl (post posita) = ad;
summō ōre tenus : ad labra
Bitiās -ae m, Tyriōrum prīnceps
in-crepitāre = magnā vōce monēre
haurīre -sisse -stum = exhaurīre
ex plēnō aurō : ex plēnā paterā aureā
prō-luere = ūmectāre, lavāre; sē prō-
luere = pōtāre
procerēs -um m pl = prīncipēs
cithara -ae f = fidēs | Iōpās, fidicen
crīnītus -a -um = crīnēs longōs gerēns

37

Iōpās (-ae *m*) citharā aurātā per-sonat
per-sonāre (fidibus) = canere
Atlās -antis *m*, hērōs Graecus (quī
caelum umerīs sustinēre dīcitur)
Sōlis labōrēs: Sōl 'labōrat' cum ob-
scūrus fit lūnā opertus

unde *sit* hominum genus et pecudēs,
unde *sit* imber et ignēs (: fulgura)

sīdera: Arctūrus -ī *m*, Hyadēs -um *f pl*
(*acc Gr* -as), *Septen*triōnēs -um *m pl*
pluvius -a -um = quī imbrem affert
geminōs : duōs (*ursa* māior et minor)
quid sōlēs hībernī tantum properent
... : cūr hieme sōl tam citō occidat
tingere = ūmectāre, mergere; Ōceanō
sē tingere : in Ōceanum occidere
quae mora tardīs noctibus ob-stet :
quid tardās noctēs morātur
ob-stāre +*dat* = īre prohibēre

in-gemin>āre (< geminus) = bis facere
plausus -ūs *m* < plaudere; ingemināre
plausū = iterum iterumque plaudere

(noctem) trahere = prōdūcere, longi-
ōrem facere

bibēbat amōrem : afficiēbātur amōre

Aurōra -ae *f* (= Ēōs), dea; Aurōrae
fīlius: Memnōn
cum quibus armīs

'quālēs *essent* Diomēdis equī?'

'quantus (quam fortis) *esset* Achillēs?'

ā prīmā orīgine

īnsidiae -ārum *f pl* = dolus occultus
(īnsidiae Dana*ō*rum: equus ligneus)

error -ōris *m* < errāre
iam septima aestās tē portat errantem = iam septem annōs errās
in omnibus terrīs et flūctibus (: ma-
ribus)

ursus -ī *m*
ursa -ae *f*

personat aurātā, docuit quem māximus Atlās.

Hic canit errantem lūnam Sōlisque labōrēs,

unde hominum genus et pecudēs, unde imber et

  ignēs,

Arctūrum pluviāsque Hyadas geminōsque Triōnēs;

quid tantum Ōceanō properent sē tingere sōlēs   745

hībernī, vel quae tardīs mora noctibus obstet.

Ingeminant plausū Tyriī, Trōēsque sequuntur.

Nec nōn et variō noctem sermōne trahēbat

īnfēlīx Dīdō longumque bibēbat amōrem,

multa super Priamō rogitāns, super Hectore multa: 750

nunc 'quibus Aurōrae vēnisset fīlius armīs?'

nunc 'quālēs Diomēdis equī?' nunc 'quantus

  Achillēs?'

"Immō age, et ā prīmā dīc, hospes, orīgine nōbīs

īnsidiās" inquit "Danaum cāsūsque tuōrum

errōrēsque tuōs! nam tē iam septima portat   755

omnibus errantem terrīs et flūctibus aestās."

ursa minor

ursa māior

LIBER II

Conticuēre omnēs intentīque ōra tenēbant.

Inde torō pater Aenēās sīc ōrsus ab altō:

"Īnfandum, rēgīna, iubēs renovāre dolōrem,

Trōiānās ut opēs et lāmentābile rēgnum

5 ēruerint Danaī, quaeque ipse miserrima vīdī

et quōrum pars magna fuī. Quis tālia fandō ......

8 temperet ā lacrimīs? Et iam nox ūmida caelō

praecipitat suādentque cadentia sīdera somnōs.

10 Sed sī tantus amor cāsūs cognōscere nostrōs

et breviter Trōiae suprēmum audīre labōrem,

quamquam animus meminisse horret lūctūque re-

fūgit,

incipiam: "..."

[*versibus 13–756 Aenēās nārrat excidium Trōiae*]

con-ticēscere -ticuisse = tacēre incipere, tacitus fierī

inde = deinde
sīc ōrsus *est* ab altō torō: "....."

iubēs *mē* īnfandum dolōrem renovāre *nārrandō* ut (: quōmodo) Danaī opēs Trōiānās et lāmentābile rēgnum ēruerint (= dēlēverint) lāmentābilis -e = miserandus

ē-ruere -uisse -utum = dēlēre
quae *n pl* (: quās rēs miserrimās ipse vīdī et quārum pars magna fuī)

tālia fandō : tālia nārrandō (nārrāns)

temperāre = sē abstinēre
nox ūmida *dē* caelō *sē* praecipitat (in Ōceanum)

cadentia (: occidentia) sīdera somnōs suādent : suādent ut dormiāmus

sī *tibi est* tantus amor cognōscere (: tanta cupiditās cognōscendī) cāsūs nostrōs

ā lūctū re-fūgit

LIBER III

"...................." [*versibus 1–715 nārrat errōrēs suōs*]

716 Sīc pater Aenēās intentīs omnibus ūnus

fāta renārrābat dīvum cursūsque docēbat.

Conticuit tandem factōque hīc fīne quiēvit.

re-nārrāre = nārrāre (reminīscendō)
docēre = nōtum facere

quiēscere -ēvisse; quiēvit : dormītum iit

AENEIDIS

LIBER IV

cūra (amantis) = amor (dolēns)
saucia gravī cūrā : vulnerāta sagittā
  Amōris!
vēnīs : sanguine (per vēnās fluentī)
caecō (: occultō) ignī (*abl* = ign*e*)
  carpitur (: cōnsūmitur)
multus -a -um = magnus: *magna*
  virtūs *magnus*que honōs
re-cursāre = re-currere/revertī iterum
  iterumque (animō : in animum)
īn-fīxī pectore : fīxī in pectore

nec cūra membrīs placidam quiētem (: somnum) dat
Phoebeus -a -um < Phoebus = Sōl
lampas -adis *f* = fax; lampas Phoebea
  : sōl; postera Aurōra lampade Phoe-
  beā terrās lūstrābat (= illūstrābat)
ūmēns -entis *adi* = ūmidus | *ē* polō
dī-movēre = removēre
ūn-animus -a -um = cui īdem est
  animus, amīcissimus
Dīdō male sāna (: aegra) ūnanimam
  sorōrem sīc adloquitur: ".....”
suspēnsus -a -um = dubius, incertus
īn-somnium -ī *n* ↔ somnus

novus : imprōvīsus
nostrīs sēdibus (: tēctīs) suc-cessit
quem (: quālem) sēsē ōre (: vultū)
  ferēns! | sē ferre = sē ostendere
armus -ī *m* = lacertus, umerus
fortī pectore et armīs: *abl quālitātis*
nec vāna *est* fidēs (:nec frūstrā fīdō)
genus *eius* esse deōrum (: dīvīnum)
dēgener -is *adi* = īnfimō genere nātus
arguere = dēmōnstrāre
timor arguit degenerēs *esse* animōs
quibus fātīs ille iactātus *est!*
ex-haurīre = perferre
canēbat : nārrābat

im-mōtus -a -um = nōn mōtus, cōn-
  stāns | sedēret = cōnstitūtum esset
sociāre = socium/sociam facere
nē cui(quam) mē sociāre vellem
  vinculō iugālī (: coniugiō)
iugālis -e = coniugum
dē-cipere -iō -cēpisse -ceptum = fallere; *mē* dēceptam morte fefellit
culpa -ae *f* = causa accūsandī, noxa
forsan huic ūnī culpae (: inconcessō
  amōrī) suc-cumbere potuī
suc-cumbere + *dat* ↔ resistere
fāt*a* : fāt*um* (: mortem)

At rēgīna gravī iamdūdum saucia cūrā

vulnus alit vēnīs et caecō carpitur ignī.

Multa virī virtūs animō multusque recursat

gentis honōs: haerent īnfīxī pectore vultūs

verbaque, nec placidam membrīs dat cūra quiētem. 5

    Postera Phoebēā lūstrābat lampade terrās

ūmentemque Aurōra polō dīmōverat umbram,

cum sīc ūnanimam adloquitur male sāna sorōrem:

"Anna soror, quae mē suspēnsam īnsomnia terrent!

Quis novus hic nostrīs successit sēdibus hospes! 10

quem sēsē ōre ferēns, quam fortī pectore et armīs!

Crēdō equidem, nec vāna fidēs, genus esse deōrum.

Dēgenerēs animōs timor arguit. Heu, quibus ille

iactātus fātīs! quae bella exhausta canēbat!

Sī mihi nōn animō fīxum immōtumque sedēret 15

nē cui mē vinclō vellem sociāre iugālī,

postquam prīmus amor dēceptam morte fefellit, ...

huic ūnī forsan potuī succumbere culpae! 19

Anna, fatēbor enim, miserī post fāta Sychaeī 20

coniugis et sparsōs frāternā caede Penātīs

sōlus hic īnflexit sēnsūs animumque labantem

impulit. Agnōscō veteris vestīgia flammae!

Sed mihi vel tellūs optem prius īma dehīscat

25 vel pater omnipotēns abigat mē fulmine ad umbrās,

pallentīs umbrās Erebī noctemque profundam,

ante, pudor, quam tē violō aut tua iūra resolvō!

Ille meōs prīmus quī mē sibi iūnxit amōrēs

abstulit – ille habeat sēcum servetque sepulcrō!"

30 Sīc effāta sinum lacrimīs implēvit obortīs.

    Anna refert: "Ō lūce magis dīlēcta sorōrī!

Sōlane perpetuā maerēns carpēre iuventā

nec dulcīs nātōs Veneris nec praemia nōris?

Id cinerem aut Mānīs crēdis cūrāre sepultōs?

35 Estō: aegram nūllī quondam flexēre marītī,

nōn Libyae, nōn ante Tyrō; dēspectus Iarbās

ductōrēsque aliī, quōs Āfrica terra triumphīs

dīves alit: placitōne etiam pugnābis amōrī?

Nec venit in mentem quōrum cōnsēderis arvīs?

40 Hinc Gaetūlae urbēs, genus īnsuperābile bellō,

et Numidae īnfrēnī cingunt et inhospita Syrtis,

fräternus -a -um < fräter
: et postquam caede frāternā (ā frātre factā) Penātēs *nostrī* sparsī sunt
īn-flectere = flectere
sēnsus -ūs *m* < sentīre; sēnsūs *meōs*
labāre = incertus esse, dubitāre;
labāns ↔ cōnstāns
flammae *amōris*

sed optem *ut* vel tellūs īma mihi de-hīscat vel... | tellūs īma : Īnferī
omni-potēns -entis *adi* = potentissi-mus; pater omnipotēns : Iuppiter
umbrae : Īnferī, animae mortuōrum
pallēns -entis *adi* = pallidus
Erebus -ī *m,* Orcus, Īnferī
profundus -a -um ↔ altus; nox pro-funda = nox obscūrissima
pudor : mēns pudēns, fidēs iugālis
violāre = vī rumpere | iūra = lēgēs
re-solvere = solvere, rumpere

ille quī prīmus mē sibi iūnxit meōs amōrēs abstulit (in sepulcrum)

in sepulcrō

ef-fārī < ex- + fārī
sinus -ūs *m* = pectus
ob-orīrī = repente orīrī
refert : respondet
dī-ligere -lēxisse -lēctum; dīlēctus -a -um = cārus; magis dīlēcta : cārior
sorōrī : mihi, sorōrī tuae
-re = -ris *pass pers 2 sg;* carpēre *(fut)* = carpēris : cōnsūmēris, afflīgēris

nec dulcīs nātōs nec Veneris praemia nōris? (= nōveris *fut perf* < nōscere)

cinis -eris *m* = ossa cremāta
Mānēs -ium *m pl,* animae mortuōrum

estō : bene! (probandum est)
tē aegram (= dolentem, maestam)
marītī *in spē* (tē uxōrem petentēs)
Libyae (*loc*) : in Libyā
(iūre) dēspectus *est* Iarbās | I|ar-bās
Iarbās -ae *m,* rēx Gaetūlōrum

ductōrēs = ducēs (: rēgēs)
triumphīs dīves : multōrum trium-phōrum (victōriārum)
etiam-ne placitō amōrī *repugnābis?
placitus -a -um = quī placet, grātus
nec *tibi* venit in mentem *in* quōrum arvīs cōnsēderis?
Gaetūlī -ōrum, Numidae -ārum *m pl,*
gentēs Āfricae; *adi* Gaetūlus -a -um
hinc (: ab hāc parte) ... *nōs* cingunt
īn-superābilis -e/īn-frēnus -a -um = quī superārī/frēnārī nōn potest
in-hospitus -a -um = quī hospitēs/ advenās male recipit

41

regiō sitī (abl) dēserta = regiō ārida

hinc dēserta sitī regiō lātēque furentēs

Barcē -ēs f, cīvitās Libyae procul ā Karthāgine; cīvēs: Barcaeī -ōrum m pl

Barcaeī. Quid bella Tyrō surgentia dīcam

germānī: Pygmaliōnis (quī bellum minātur) | versus nōn integer

germānīque minās?

auspex -icis m = quī adiuvat/dūcit; dīs auspicibus : dīs adiuvantibus Iūnōne secundā : Iūnōne favente

Dīs equidem auspicibus reor et Iūnōne secundā   45

hunc (: hūc) cursum tenuisse carīna -ae f = trabs nāvis īnfima, nāvis

hunc cursum Īliacās ventō tenuisse carīnās.

quam (: quantam) tū, soror, hanc urbem cernēs, quae rēgna (: quantum rēgnum) surgere cernēs coniugiō tālī (: coniugiō cum tālī virō)!

Quam tū urbem, soror, hanc cernēs, quae surgere

rēgna

Teucrōrum comitantibus armīs (: sī arma Teucrōrum nōs comitantur), quantīs rēbus gestīs glōria Pūnica (: Poenōrum) sē attollet (: surget)!

coniugiō tālī! Teucrum comitantibus armīs

Pūnica sē quantīs attollet glōria rēbus!

rem poscere aliquem = ... ab aliquō (sacra) litāre = dīs faventibus sacrificāre | sac|rīs-que
indulgē + dat = largīrī; indulgē hospitiō = benignē recipe hospitem
in-nectere = excōgitāre

Tū modo posce deōs veniam, sacrīsque litātīs   50

indulgē hospitiō causāsque innecte morandī:

in pelagō | (dē-)saevīre = saevus esse aquōsus -a -um = pluvius

dum pelagō dēsaevit hiems et aquōsus Ŏrīōn,

dum quassātae sunt ratēs (: nāvēs) tractābilis -e: nōn tractābilis = intractābilis, asper
īn-flammāre = ārdentem facere

quassātaeque ratēs, dum nōn tractābile caelum."

Hīs dictīs incēnsum animum īnflammāvit amōre

spemque dedit dubiae mentī solvitque pudōrem.   55

prīncipiō = prīmō adv
dēlūbrum -ī n = templum

Prīncipiō dēlūbra adeunt pācemque per ārās

ex-quīrere -sīvisse -sītum = quaerere
mactāre = sacrificiī causā occīdere
dē mōre : ut mōs est, ut fierī solet
bidēns -entis f = ovis sacrificanda
lēgi-fer -a -um = quī lēgēs fert/dat
(agricolīs) | Lyaeus -ī m, Bacchus

exquīrunt; mactant lēctās dē mōre bidentēs

lēgiferae Cererī Phoebōque patrīque Lyaeō,

cui vincula iugālia cūrae (dat) sunt : quae coniugia cūrat

Iūnōnī ante omnēs, cui vincla iugālia cūrae.

vacca -ae f
bōs fēmina
(↔ taurus)

Ipsa tenēns dextrā pateram pulcherrima Dīdō   60

candēns -entis adi = candidus
vīnum fundit (lībat)

candentis vaccae media inter cornua fundit,

aut ante ōra deum pinguīs spatiātur ad ārās...

....

65 Heu, vātum ignārae mentēs! Quid vōta furentem,

quid dēlūbra iuvant? Ēst mollīs flamma medullās

intereā et tacitum vīvit sub pectore vulnus!

Ūritur īnfēlīx Dīdō tōtāque vagātur

urbe furēns – quālis coniectā cerva sagittā,

70 quam procul incautam nemora inter Crēsia fīxit

pāstor agēns tēlīs līquitque volātile ferrum

nescius: illa fugā silvās saltūsque peragrat

Dictaeōs; haeret laterī lētālis harundō. –

Nunc media Aenēān sēcum per moenia dūcit

75 Sīdŏniāsque ostentat opēs urbemque parātam;

incipit effārī mediāque in vōce resistit –

nunc eadem lābente diē convīvia quaerit,

Īliacōs iterum dēmēns audīre labōrēs

exposcit pendetque iterum nārrantis ab ōre.

80 Post ubi dīgressī, lūmenque obscūra vicissim

lūna premit suādentque cadentia sīdera somnōs,

sōla domō maeret vacuā strātīsque relictīs

incubat – illum absēns absentem auditque videtque.

ante ōra deum : ante signa deōrum
spatiārī = ambulāre, gradī
ad ārās pinguēs (: in quibus est carō
pinguis hostiārum)

vātēs : sacerdōtēs
vōtum -ī n = quod deō vovētur

medullae -ārum f pl = ossium media
pars mollis; flamma (amōris) mollēs
medullās (: viscera, cor) ēst
tacitum vulnus vīvit (: alitur) sub
pectore

vagārī = errāre; in tōtā urbe vagātur
furēns
cervus -ī m, cerva -ae f
quālis cerva (: sīcut cerva) quam incautam pāstor sagittā procul coniectā fīxit inter nemora Crēsia
fīgere = trānsfīgere, percutere
Crēsius -a -um = Crēticus -a -um
< Crēta
volātilis -e = volāns, vēlōx; ferrum
volātile : tēlum, sagitta
ne-scius -a -um = nesciēns, īnscius
saltus -ūs m = silva montis | pe rag-rat
Dictaeus -a -um = Crēticus (< Dictē,
mōns Crētae) | laterī : in latere
lētālis -e < lētum -ī n = mors
harundō -inis f (= calamus) : sagitta

nunc... nunc (v.77) = modo... modo
per media moenia : per mediam
urbem

ostentāre = glōriōsē ostendere

in mediā vōce : in mediō sermōne

eadem convīvia : idem convīvium
(: iterum, eōdem modō)
lābente diē : vesperī

ex-poscere = poscere; audīre exposcit = exposcit ut audiat

dī-gredī -gressum = discēdere
post ubi (: postquam) dīgressī sunt
vicissim adv = suō tempore, interim
lūna obscūra lūmen premit : lūna obscūra fit lūmine pressō (ut occidit)

in domō vacuā maeret
strātum -ī n = lectus strātus
strātīs relictīs (dat) in-cubat = cubat
in strātō ab Aenēā relictō

43

in gremiō Ascanium dē-tinet capta
  genitōris imāgine (: fōrmā puerī
  patrī similī)
dē-tinēre = (locō) tenēre
sī ̣īnfandum amōrem fallere (: simu-
  lāre) possit | īn-fandus -a -um =
  nōn dīcendus, prāvus
coeptus -a -um *part perf* < incipere

arma exercēre = armīs sē exercēre

prōpugnāculum -ī *n* = opus quō locus mūnītur/dēfenditur
pendent : cessant, negleguntur
inter-rumpere = interpellāre
minae -ārum *f pl* = quod imminet;
  minae mūrōrum : mūrī imminentēs
māchina -ae *f* = īnstrūmentum cel-
  sum ad aedificandum
aequāta caelō : caelum attingēns (!)

rēte rārum   rēte crēbrum
           /plaga -ae *f*

iubar -is *n* = prīma lūx; iubare exortō
  dēlēcta iuventūs portīs it (*vēnātum*)
dē-ligere -lēgisse -lēctum = ēligere
  (*feruntur*) rētia rāra, plagae (= rētia
  crēbra), vēnābula lātō ferrō *mūnīta*
vēnābulum -ī *n* = tēlum ad vēnandum
Massȳlus -a -um : Libycus
odōrus -a -um = odōrem sequēns
vīs +*gen pl* = magnus numerus
thalamus -ī *m* = cubiculum; *in* th.ō
prīmī (Poenōrum) = prīncipēs

īnsignis -e (+*abl*) : ēgregiē ōrnātus

sonipēs -edis (<sonus +pēs) *m*=equus
mandere = dentibus ūtī, mordēre
frēn*um* spūmā*ns*

           frēnum
            -ī *n*

chlamys -ydis *f* = pallium (equitis)
circum-data : indūta (chlamyde Sī-
  dōniā) | limbus -ī *m* = ōra vestis
cui *est* pharetra...
nōdāre = nōdō vincīre (in aurum :
  in rēte aureum)

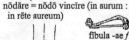

limbus
pictus   I|ū-lus

ipse Aenēās pulcherrimus ante aliōs
  omn*ēs* īnfert sē socium *Dīdōnis* atque agmina iungit (: Trōiānōrum
  et Tyriōrum vēnantium)

Aut gremiō Ascanium genitōris imāgine capta

dētinet – īnfandum sī fallere possit amōrem?   85

Nōn coeptae adsurgunt turrēs, nōn arma iuventūs

exercet portūsve aut prōpugnācula bellō

tūta parant: pendent opera interrupta minaeque

mūrōrum ingentēs aequātaque māchina caelō.

.... [*v. 90–128: Colloquium Iūnōnis et Veneris*]

Ōceanum intereā surgēns Aurōra relīquit. –   129

It portīs, iubare exortō, dēlēcta iuventūs   130

– rētia rāra, plagae, lātō vēnābula ferrō.

Massȳlīque ruunt equitēs et odōra canum vīs.

Rēgīnam thalamō cūnctantem ad līmina prīmī

Poenōrum exspectant, ostrōque īnsignis et aurō

stat sonipēs ac frēna ferōx spūmantia mandit.   135

Tandem prōgreditur magnā stīpante catervā

Sīdōniam pictō chlamydem circumdata limbō;

cui pharetra ex aurō, crīnēs nōdantur in aurum,

aurea purpuream subnectit fībula vestem.

Nec nōn et Phrygiī comitēs et laetus Iūlus   140

incēdunt. Ipse ante aliōs pulcherrimus omnīs

īnfert sē socium Aenēās atque agmina iungit.

Quālis ubi hībernam Lyciam Xanthīque fluenta

dēserit ac Dēlum māternam invīsit Apollō

145 īnstauratque chorōs, mixtīque altāria circum

Crētēsque Dryopēsque fremunt pictīque Agathyrsī:

ipse iugīs Cynthī graditur, mollīque fluentem

fronde premit crīnem fingēns atque implicat aurō,

tēla sonant umerīs: haud illō sēgnior ībat

150 Aenēās, tantum ēgregiō decus ēnitet ōre.

Postquam altōs ventum in montīs atque invia lustra,

ecce ferae saxī dēiectae vertice caprae

dēcurrēre iugīs; aliā dē parte patentīs

trānsmittunt cursū campōs atque agmina cervī

155 pulverulenta fugā glomerant montīsque relinquunt.

At puer Ascanius mediīs in vallibus ācrī

gaudet equō iamque hōs cursū, iam praeterit illōs,

spūmantemque darī pecora inter inertia vōtīs

optat aprum aut fulvum dēscendere monte leōnem.

160 Intereā magnō miscērī murmure caelum

incipit, īnsequitur commixtā grandine nimbus,

et Tyriī comitēs passim et Trōiāna iuventūs

Dardaniusque nepōs Veneris dīversa per agrōs

quālis Apollō (: sīcut Apollō) ...
Xanthus -ī *m*, fluvius Lyciae Apol-
 linī sacer | fluenta *n pl* = fluvius
Xanthī fluenta = Xanth*um* fluvium
māternus -a -um < māter; Dēlum
 māternam in-vīsit (= vīsit): Apollō
 Dēlī nātus est mātre Lātōnā
īnstaurāre = renovāre, rūrsus dūcere
circum altāria mixtī fremunt
Crētēs -um, Dryopēs -um, Agathyrsī
 -ōrum *m pl*, gentēs Crētae, Thessa-
 liae, Thrāciae
Crē-tēs|queD-ry-o|pēs

ipse : Apollō | *in* iugīs Cynthī
fluentem (: passum) crīnem mollī
 fronde premit (foliīs fīxīs ōrnat)
fingere = fōrmam dare
aurō : rētī aureō
tēla (: sagittae) sonant umerīs (: in
 pharetrā quae umerīs portātur)
sēgnis -e ↔ ācer; haud illō sēgnior
 : tam ācer quam ille (: Apollō)
tantum decus (= tantus decor) *ex*
 ēgregiō ōre ē-nitet
ē-nitēre = splendēre, fulgēre (ex)
postquam ventum *est* (: vēnērunt) in
 altōs montēs atque invia lustra
lustrum -ī *n* = saltus ferārum
caprae ferae *dē* vertice saxī dē-iectae
 dē-currērunt *dē* iugīs
dē-icere -iō -iēcisse -iectum (< dē +
 iacere) = dē-pellere

trāns-mittere = trānsīre
cervī patentēs campōs cursū trānsmittunt atque agmina pulverulenta
 in fugā glomerant
pulverulentus -a -um < pulvis
glomerāre = in ūnum gregem cōgere

iam... iam = modo... modo; iam hōs
 iam illōs cursū praeter-it
in-ers -ertis *adi* = sēgnis (↔ ācer)
inter inertia pecora (inertēs cervōs!)
vōtīs (= precibus) optat spūmantem
 aprum *sibi* darī (: ut aper spūmāns
 sibi dētur) aut fulvum leōnem *dē*
 monte dēscendere (: ut fulvus leō ...
 dēscendat) | fulvus -a -um = flāvus
miscērī = turbārī

com-miscēre = im-miscēre

passim *adv* = lātē, ubīque

Dardanius nepōs Veneris: Ascanius
pe|r ag-rōs

petiēre = petīvērunt

Dīdō et dux Trōiānus *in* eandem
spēluncam dēveniunt

Tellūs -ūris *f*, dea (Terra māter)
prōnuba -ae *f* = mātrōna quae novam
uxōrem ad marītum dūcit

ignēs : fulgura ('facēs iugālēs')
cōnscius (: testis) *fuit* aethēr cōn*ŭ*biīs

in summō vertice (montis)
ululā*vē*runt ('carmen iugāle' cantā-
vērunt)

lētum -ī *n* = mors; ille diēs prīmus lētī
prīmusque malōrum causa (: prīma
causa lētī malōrumque) fuit
speciēs -ēī *f* = quod aspicitur
fāma -ae *f* = quod dīcitur

fūrtīvus -a -um (< fūrtum) = clam
factus, cēlandus

prae-texere = dissimulāre

Fāma (dea, Terrae fīlia) per magnās
urbēs Libyae it
Fāma, quā nōn ūllum aliud malum
vēlōcius *est*
mōbilitās -ātis *f* < *mōbilis* -e = quī
facile movētur, vēlōx
vigēre = valēre, validus esse
ad-/ac-quīrere (< ad + quaerere)
↔ āmittere; vīrēsque adquīrit
eundō (: cum eat)

in-gredī = gradī; ingreditur *in* solō
nūbila -ōrum *n pl* = nūbēs
con-dere = cēlāre
Fāma est Terrae fīlia extrēma: illam
Terra parēns extrēmam... prō-genuit
irrītāre = īrātum facere; irrītāta īrā
deōrum (: in deōs, quī filiōs eius
pepulerant) | per-hibēre = nārrāre
Coeus, Enceladus -ī *m*, mōnstra, filiī
Terrae (Fāmae frātrēs māiōrēs)
prō-gignere -genuisse = gignere
pernīx -īcis *adi* = properāns, vēlōx

in corpore

plūma -ae *f* = penna (levis/mollis)

tot *sunt* vigilēs oculī subter
subter *adv* = īnfrā (: sub plūmīs)

sub-rigere = surgentem facere,
tollere | sub-ri-gi|tau-rīs

---

tēcta metū petiēre. Ruunt dē montibus amnēs!

Spēluncam Dīdō dux et Trōiānus eandem   165

dēveniunt. Prīma et Tellūs et prōnuba Iūnō

dant signum; fulsēre ignēs et cōnscius aethēr

cōnūbiīs, summōque ululārunt vertice Nymphae.

Ille diēs prīmus lētī prīmusque malōrum

causa fuit; neque enim speciē fāmāve movētur   170

nec iam fūrtīvum Dīdō meditātur amōrem:

'coniugium' vocat, hōc praetexit nōmine culpam.

    Extemplō Libyae magnās it Fāma per urbēs,

Fāma, malum quā nōn aliud vēlōcius ūllum:

mōbilitāte viget vīrīsque adquīrit eundō,   175

parva metū prīmō, mox sēsē attollit in aurās

ingrediturque solō et caput inter nūbila condit.

Illam Terra parēns – īrā irrītāta deōrum –

extrēmam, ut perhibent, Coeō Enceladōque sorōrem

prōgenuit pedibus celerem et pernīcibus ālīs,   180

mōnstrum horrendum, ingēns, cui quot sunt corpore

    plūmae,

tot vigilēs oculī subter – mīrābile dictū! –

tot linguae, totidem ōra sonant, tot subrigit aurīs!

46

Nocte volat caelī mediō terraeque per umbram

185 strīdēns, nec dulcī dēclīnat lūmina somnō;

lūce sedet cūstōs aut summī culmine tēctī

turribus aut altīs, et magnās territat urbēs,

tam fictī prāvīque tenāx quam nūntia vērī.

Haec tum multiplicī populōs sermōne replēbat

190 gaudēns, et pariter facta atque īnfecta canēbat:

'Vēnisse Aenēān Trōiānō sanguine crētum,

cui sē pulchra virō dignētur iungere Dīdō!

Nunc hiemem inter sē luxū, quam longa, fovēre

rēgnōrum immemorēs turpīque cupīdine captōs!'

195 Haec passim dea foeda virum diffundit in ōra.

Prōtinus ad rēgem cursūs dētorquet Iarbān

incenditque animum dictīs atque aggerat īrās.

Hic ¹Hammōne satus raptā Garamantide Nymphā

templa Iovī centum lātīs immānia rēgnīs,

200 centum ārās posuit vigilemque sacrāverat ignem.

....

203 Isque āmēns animī et rūmōre accēnsus amārō

dīcitur ante ārās media inter nūmina dīvum

205 multa Iovem manibus supplex ōrāsse supīnīs:

---

mediō caelī terraeque : media inter caelum terramque umbra : tenebrae

nec lūmina dēclīnat (: oculōs claudit) dulcī somnō

lūce = interdiū (↔ nocte) aut *in* culmine summī tēctī aut *in* turribus altīs

territāre = magnō terrōre afficere

fingere fīnxisse fictum = falsum excōgitāre; fictum -ī *n* ↔ vērum tenāx -ācis *adi* = tenēns (memoriā), memor | nūntius -ī *m*, nūntia -ae *f*

multiplex -icis *adi* = varius re-plēre = complēre

īn-fectus -a -um = nōn factus, fictus; *n pl* quae facta nōn sunt (↔ facta)

crētum (< crēscere) : ortum, nātum

'... cui virō pulchra Dīdō sē iungere dignētur! nunc eōs inter sē hiemem quam longa *sit* (: tōtam hiemem longam) luxū fovēre (: placidē cōnsūmere) ...'

im-memor -is *adi +gen* = oblītus (↔ memor)

dea foeda (: Fāma) in ōra (: linguās) vir*ōrum* dif-fundit (: spargit)

dē-torquēre = in aliam partem vertere ad rēgem Iarb*ān* (*acc Gr*) | I|ar-bān

aggerāre = graviōrem facere, augēre

Hammō -ōnis *m*, deus Libyae summus (= Iuppiter) serere sēvisse satum : gignere; Hammōne satus : Hammōne nātus Garamantis -idis *adi f* < Garamantēs -ium *m pl*, gēns Libyae Iovī (Hammōnī) c templa immānia, c ārās posuit *in* lātō rēgnō (ignis) vigil : semper ārdēns

āmēns animī (*loc* : in animō) amārus -a -um = acerbus

inter media nūmina dīv*ōrum* = inter mediōs deōs (in deōrum mediō) ōrāsse = ōrā*vi*sse supīnus -a -um = in tergō iacēns; (manūs) supīnae = sūrsum versae

47

Maurūsius -a -um < Maurētānia -ae
 f, regiō Āfricae (ad Ōceanum)
epulārī = cēnāre; pictīs torīs epulāta
 = postquam in pictīs torīs cēnāvit
Lēnaeus -a -um = Lyaeus; honōrem
 Lēnaeum lībat = sacrificia vīnī facit
(fulmen) torquēre = iacere

: an caecī sunt ignēs quī animōs terrificant et inānia (: vāna) murmura
 (: tonitrūs) quae animōs miscent?
terrificāre = territāre
miscēre = perturbāre

pretiō : in solō pretiō ēmptō (I.367)
cui lītus (harēnae) arandum dedimus
locī lēgēs : condiciōnēs dē locō
 tenendō
cōnūbi*um meum* reppulit ac dominum Aenēam in rēgn*um* recēpit
re-pellere reppulisse re-pulsum

Paris: quī uxōrem aliēnam surripuit
sēmi-vir -ī *adi* = (vir) mulierī similis
comitātus -ūs *m* = comitum numerus
Maeonius -a -um < Maeonia = Lȳdia
: quī mentum crīnemque madentem
 mitrā Maeoniā subnexuit | mit|rā
mitra -ae *f* = pilleus quī sub mentum
 nectitur | madēns -entis = ūmidus
raptum -ī *n* = quod raptum est (: Dī-
 dōnis rēgnum) | pot*ĭ*tur = pot*ī*tur
quippe nōs mūnera templīs tuīs ferimus fāmamque *tuam* fovēmus inānem (: frūstrā)!

mentum
 -ī *n*
mitra
 -ae *f*

aud*ĭ*it = aud*ī*vit
oculōs ad moenia rēgia torsit (: vertit) et *ad* amant*ēs* fāmae meliōris
 oblītōs (: Aenēam et Dīdōnem)

nāte! = fīlī! Mercurius est fīlius Iovis
pennīs (: ālīs) lābī : volāre

Tyriā Karthāgine = Karthāgine
 (*loc*) in urbe Tyriā
exspectat : morātur
: neque urbēs fātīs datās (: prōmis-
 sās) respicit (: cūrat)
et *eī* dēfer mea dicta per celer*ēs*
 aurās (: celeriter per aurās)

"Iuppiter omnipotēns! – cui nunc Maurūsia pictīs

gēns epulāta torīs Lēnaeum lībat honōrem –

aspicis haec? An tē, genitor, cum fulmina torquēs

nēquīquam horrēmus, caecīque in nūbibus ignēs

terrificant animōs et inānia murmura miscent?   210

Fēmina, quae nostrīs errāns in fīnibus urbem

exiguam pretiō posuit, cui lītus arandum

cuique locī lēgēs dedimus, cōnūbia nostra

reppulit ac dominum Aenēān in rēgna recēpit!

Et nunc ille 'Paris' cum sēmivirō comitātū,   215

Maeoniā mentum mitrā crīnemque madentem

subnexus, raptō potĭtur – nōs mūnera templīs

quippe tuīs ferimus fāmamque fovēmus inānem!"

    Tālibus ōrantem dictīs ārāsque tenentem

audiit Omnipotēns, oculōsque ad moenia torsit   220

rēgia et oblītōs fāmae meliōris amantīs.

Tum sīc Mercurium adloquitur [1] ac tālia mandat:

"Vāde age, nāte! vocā Zephyrōs et lābere pennīs

Dardaniumque ducem – Tyriā Karthāgine quī nunc

exspectat fātīsque datās nōn respicit urbēs –   225

adloquere et celerīs dēfer mea dicta per aurās!

Nōn illum nōbīs genetrīx pulcherrima tālem

prōmīsit Grāiumque ideō bis vindicat armīs;

sed 'fore quī gravidam imperiīs bellōque frementem

230 Italiam regeret, genus altō ā sanguine Teucrī

prōderet, ac tōtum sub lēgēs mitteret orbem.'

Sī nūlla accendit tantārum glōria rērum

nec super ipse suā mōlītur laude labōrem,

Ascaniōne pater Rōmānās invidet arcēs?

235 Quid struit? aut quā spē ¹ inimīcā in gente morātur

nec prōlem Ausoniam et Lāvīnia respicit arva?

Nāviget! haec summa est, hic nostrī nūntius estō!"

Dīxerat. Ille patris magnī pārēre parābat

imperiō: et prīmum pedibus tālāria nectit

240 aurea, quae sublīmem ālīs sīve aequora suprā

seu terram rapidō pariter cum flāmine portant.

Tum virgam capit – hāc animās ille ēvocat Orcō

pallentīs, aliās sub Tartara trīstia mittit,

dat somnōs adimitque, et lūmina morte resignat;

245 illā frētus agit ventōs et turbida trānat

nūbila. Iamque volāns apicem et latera ardua cernit

Atlantis dūrī caelum quī vertice fulcit.

genetrīx pulcherrima : Venus
tālem : amōre captum

: nec ideō (: ut Karthāgine manēret)
eum bis vindic*āvit ab* armīs Grā-
i*ō*rum | vindic*āre* = salvum tuērī
sed *prōmīsit 'illum* fore quī Italiam
... regeret, genus... prōderet, ac...'
gravida imperiīs = imperia paritūra
Ĭt-a-li|am
altō sanguine : nōbilī sanguine
Teucer -crī *m*, prīmus rēx Phrygiae,
cuius fīlia Dardanō nūpsit
prō-dere -didisse -ditum = trādere
ad posterōs, prōdūcere

sī glōria tantārum rērum nūlla (: nihil, minimē) *eum* accendit

nec ipse super suā laude labōrem
mōlītur (: labōrat, cūrā afficitur)

invidēre + *dat* = darī nōlle (ob invi-
diam)

quā spē? : quid spērāns?

prōlem : posterōs
Ausonius -a -um < Ausonia -ae *f*
= Italia

summa -ae *f* = tōta rēs, rēs ipsa
nostrī (*gen* < nōs) : ā nōbīs (ā mē)

tālāria tālus

tālāria -ium *n pl* = ālae quae *tālīs* nec-
tuntur; *tālus* -ī *m* = crūs īnfimum

quae *eum* sublīmem ālīs portant sīve
suprā aequora seu *suprā* terram
flāmen -inis *n* (< flāre) = ventus
pariter cum rapidō flāmine : tam
rapidē quam flāmen
virga Mercuriī: *caduceum* -ī *n*
Orcus -ī *m*, deus Īnferōrum, Īnferī
hāc ille animās pallentēs *ex* Orcō
ē-vocat
Tartara -ōrum
n pl, Īnferī   caduceum

lūmina morte (: oculōs mortuōrum)
re-signat (: aperit, ut videant viam
ad Īnferōs ferentem?)
frētus -a -um + *abl* = cōnfīdēns; illā
virgā frētus : caduceō frētus (ūtēns)
trā-nāre = *trāns-natāre*
apex -icis *m* = vertex
Atlās -antis *m* = mōns Maurētāniae
(et hērōs) quī caelum vertice
(umerīs) fulcīre dīcitur
fulcīre -sisse -tum = sustinēre

49

Cyllēnius -ī *m*, Mercurius; < Cyllēnē
-ēs *f*, mōns Peloponnēsī ubi nātus
est Mercurius
nītī nīxum = labōrāre, operam dare
praeceps -cipitis *adi* (< prae + caput)
= praecipitāns; tōtō corpore praeceps sē mīsit (: sē praecipitāvit) ad
undās

piscōsus -a -um = plēnus piscium
iūxtā aequora

planta

planta -ae *f* = pedis pars īnfima
māgālia -ium *n pl* = casae Libycae

fundāre = fundāmenta locāre (aedificiī), condere
novāre = novam rem facere; tēcta
novāre = novās domōs aedificāre
stēllātus -a -um (< stēlla) : gemmātus
iaspis -idis *f* = gemma splendida
ārdēbat : splendēbat
mūrex -icis *m* = purpura (color)
laena -ae *f* = pallium ē lānā factum

quae mūnera dīves Dīdō fēcerat

tēla -ae *f* = vestis quae texitur; tēlās
dis-cernere : texere (tenuī aurō :
fīlīs aureīs)

in-vādere = impetum facere, prōtinus
accēdere/incipere

uxōrius -a -um = uxōrem habēns,
uxōrī pārēns

ipse deōrum rēgnātor mē tibi (: ad
tē) dē-mittit *dē* clārō Olympō

rēgnātor -ōris *m* = rēx
torquet : versat, regit

haec mandāta (imperia) *mē* ferre
iubet per celerēs aurās

quā spē *in* Libycīs terrīs ōtium teris?
terere trīvisse trītum = (tempus)
frūstrā cōnsūmere, perdere

surgentem = crēscentem | I|ū-lī
hērēs -ēdis *m* = is cui trāduntur rēs
virī mortuī

....

Hīc prīmum paribus nītēns Cyllēnius ālīs   252

cōnstitit: hinc tōtō praeceps sē corpore ad undās

mīsit avī similis, quae circum lītora, circum

piscōsōs scopulōs humilis volat aequora iūxtā.   255

....

Ut prīmum ālātīs tetigit māgālia plantīs   259

Aenēān fundantem arcēs ac tēcta novantem   260

cōnspicit. Atque illī stēllātus iaspide fulvā

ēnsis erat Tyriōque ārdēbat mūrice laena

dēmissa ex umerīs, dīves quae mūnera Dīdō

fēcerat, et tenuī tēlās discrēverat aurō.

Continuō invādit: "Tū nunc Karthāginis altae   265

fundāmenta locās pulchramque – uxōrius! – urbem

exstruis – heu, rēgnī rērumque oblīte tuārum!

Ipse deum tibi mē clārō dēmittit Olympō

rēgnātor, caelum ac terrās quī nūmine torquet,

ipse haec ferre iubet celerīs mandāta per aurās: 270

Quid struis? aut quā spē Libycīs teris ōtia terrīs?

Sī tē nūlla movet tantārum glōria rērum, [..........]

Ascanium surgentem et spēs hērēdis Iūlī   274

50

275 respice, cui rēgnum Italiae Rōmānaque tellūs

dēbētur!" Tālī Cyllēnius ōre locūtus

mortālīs vīsūs mediō sermōne relīquit

et procul in tenuem ex oculīs ēvānuit auram.

At vērō Aenēās aspectū obmūtuit āmēns,

280 arrēctaeque horrōre comae et vōx faucibus haesit.

Ārdet abīre fugā dulcīsque relinquere terrās,

attonitus tantō monitū imperiōque deōrum.

'Heu, quid agat? quō nunc rēgīnam ambīre furentem

audeat adfātū? quae prīma exōrdia sūmat?'

285 Atque animum nunc hūc celerem nunc dīvidit illūc

in partīsque rapit variās perque omnia versat.

Haec alternantī potior sententia vīsa est:

Mnesthea Sergestumque vocat fortemque Serestum

– 'classem aptent tacitī sociōsque ad lītora cōgant,

290 arma parent et quae rēbus sit causa novandīs

dissimulent! Sēsē intereā – quandō optima Dīdō

nesciat et tantōs rumpī nōn spēret amōrēs –

temptātūrum aditūs et quae mollissima fandī

tempora, quis rēbus dexter modus.' Ōcius omnēs

295 imperiō laetī pārent et iussa facessunt.

spēs hērēdis Iūlī respice = respice
quae hērēs *tuus* Iūlus spērat
It-a-li|ae

tālī ōre : tālibus verbīs

vīsus -ūs *m* = cōnspectus
mortāl*ēs* vīsūs (: cōnspectum hominum) *in* mediō sermōne relīquit

ē-vānēscere -nuisse ↔ appārēre

aspectū *deī*
ob-mūtēscere -tuisse = mūtus fierī
ar-rigere -rēxisse -rēctum = surgen-
tem/horrentem facere; arrēctae *sunt*
comae = comae horruērunt
faucēs -ium *f pl* = ōs/collum interius;
vōx *in* faucibus haesit = vōx dēfuit
ārdēre +*īnf* = ārdenter cupere
fugā abīre = aufugere

monitus -ūs *m* < monēre
Aenēās: "quid ag*am*? ... aude*am*? ...
sūm*am*?"
ambīre -īvisse -ītum = ōrātum adīre
quō adfātū (: quibus verbīs) nunc
rēgīnam furentem ambīre audeat?
ad-fātus -ūs *m* < ad-fārī
exōrdium -ī *n* = initium; exōrdium
sūmere = ōrdīrī, incipere
nunc... nunc = modo... modo; nunc
hūc nunc illūc animum celerem
dīvidit

alternāre = dubius esse (inter duo
cōnsilia); *eī* alternantī haec sententia potior (= melior) vīsa est: ...
Mnestheus -ī *m*, Trōiānus; -a *acc Gr*
Mnesthe*um* Sergestumque... vocat,
quibus imperat ut 'classem aptent...'
("classem aptā*te*...!")
cōgere = convenīre iubēre

quae sit causa rēbus novandīs (: rēs
novandī, novī cōnsiliī)
dis-simulāre = cēlāre (simulandō)
quandō = quoniam
'sēsē intereā ... aditūs (: eam adīre)
temptātūrum *esse*'
spērāre +*acc*+*īnf* = (fore) putāre,
exspectāre
ad-itus -ūs *m* < ad-īre
quae *sint* mollissima (: placidissima)
tempora fandī (: eam adfandī), quī
modus dexter rēbus (: rēs agendī)
dexter -era -erum = conveniēns
ōcius *adv comp* = celerius, celeriter

facessere = citō perficere, exsequī

51

At rēgīna dolōs – quis fallere possit amantem? –

praesēnsit, mōtūsque excēpit prīma futūrōs

– omnia tūta timēns. Eadem impia Fāma furentī

dētulit 'armārī classem cursumque parārī!'

Saevit inops animī tōtamque incēnsa per urbem   300

bacchātur, quālis commōtīs

excita sacrīs   Bacchae

Thȳias, ubi audītō stimulant trietērica 'Bacchō!'

orgia nocturnusque vocat clāmōre Cithaerōn.

Tandem hīs Aenēān compellat vōcibus ultrō:

"Dissimulāre etiam spērāstī – perfide! – tantum   305

posse nefās tacitusque meā dēcēdere terrā?

Nec tē noster amor nec tē data dextera quondam

nec moritūra tenet crūdēlī fūnere Dīdō?

Quīn etiam hībernō mōlīris sīdere classem

et mediīs properās Aquilōnibus īre per altum,   310

crūdēlis! Quid, sī nōn arva aliēna domōsque

ignōtās peterēs, et Trōia antīqua manēret,

Trōia per undōsum peterētur classibus aequor?

Mēne fugis? Per ego hās lacrimās dextramque

    tuam tē

Glossary (left margin):

prae-sentīre = ante sentīre
mōtus -ūs *m* < movēre
ex-cipere = exaudīre, cognōscere

tūta : quae tūta videntur
rēgīnae furentī

dē-ferre +*acc*+*īnf* = nūntiāre

saevīre = saevus esse, furere
in-ops -opis *adi* +*gen* = egēnus; in-
  ops animī/mentis : āmēns
bacchārī = furere ut *Baccha* (-ae *f*),
  fēmina incēnsa Bacchum adōrāns
com-mōtīs sacrīs : cum sacra (sacrae
  rēs) moventur/quatiuntur | sac-rīs
ex-ciēre -cīvisse -citum = excitāre
Thyias -adis *f* = Baccha; quālis Th.
  audītō 'Bacchō' clāmōre: "Bacche!"
stimulāre = incitāre; ubi *eam* stimu-
  lant orgia trietērica | trietērica =
  tertiō quōque annō celebrāta
orgia -ōrum *n pl* = diēs fēstī Bacchī
nocturnus -a -um < nox (noctū vocat)
Cithaerōn -is *m*, mōns Graeciae ubi
  orgia nocturna celebrantur
ultrō *adv* = nōn rogātus, per sē

etiam spērā*vistī* tantum nefās dis-
  simulāre posse...?

tacitus (: clam) *ē* meā terrā dē-cēdere

nec tē tenet noster amor nec...?
dextera = dextra; data dextera : prōmissum (quō dextera datur)
moritūrus -a -um *part fut* < morī
fūnus -eris *n* : mors

hībernō sīdere (: caelō) : hībernō
  tempore, hieme
classem mōlīrī = classem aptāre/ar-
  māre

num Trōia (*ā tē*) peterētur...? : num
  Trōiam peterēs...?
undōsus -a -um = undīs turbātus

per hās lacrimās dextramque tuam
  ... ego tē .... ōrō (*v.* 319) ...

---

315 – quandō aliud mihi iam miserae nihil ipsa relīquī –

per cōnūbia nostra, per inceptōs hymenaeōs,

sī bene quid dē tē meruī, fuit aut tibi quicquam

dulce meum, miserēre domūs lābentis et istam

– ōrō, sī quis adhūc precibus locus – exue mentem!

320 Tē propter Libycae gentēs Nomadumque tyrannī

ōdēre, īnfēnsī Tyriī; tē propter eundem

exstīnctus pudor et, quā sōlā sīdera adībam,

fāma prior. Cui mē moribundam dēseris, hospes?

– hoc sōlum nōmen quoniam dē 'coniuge' restat.

325 Quid moror? An mea Pygmaliōn dum moenia frāter

dēstruat aut captam dūcat Gaetūlus Iarbās?

Saltem sī qua mihī dē tē suscepta fuisset

ante fugam subolēs, sī quis mihi parvulus aulā

lūderet 'Aenēās', quī tē tamen ōre referret,

330 nōn equidem omnīnō capta ac dēserta vidērer."

Dīxerat. Ille Iovis monitīs immōta tenēbat

lūmina et obnīxus cūram sub corde premēbat.

Tandem pauca refert: "Ego tē, quae plūrima fandō

ēnumerāre valēs, numquam, rēgīna, negābō

335 prōmeritam, nec mē meminisse pigēbit Elissae,

quandō iam nihil aliud ipsa mihi relīquī; (nihil aliud : quam meās lacrimās et tuum prōmissum)
in-ceptus -a -um = coeptus
hymenaeī -ōrum *m pl* = coniugium
sī quid bene meruī dē tē (= sī quid
tibi bene fēcī) aut *sī* quicquam meum (: ā mē factum) tibi dulce fuit
quicquam = qui*d*quam
miserērī +*gen* = miserārī +*acc;* miserēre domūs *meae* (: generis meī)
lābentis!
sī (ali)quī locus *est* precibus
exue (: mūtā) istam mentem!

propter tē
Nomadēs -um *m pl* = Numidae
mē ōdē*runt*
Tyriī *mihi* īnfēnsī *sunt*
propter tē eundem : etiam propter tē

exstīnctus *est* pudor et fāma (: glōria)
prior, quā sōlā sīdera adībam!

moribundus -a -um = brevī moritūrus, moriēns

quoniam hoc sōlum nōmen ('hospes') restat dē (: prō) 'coniuge'

an dum frāter Pygmaliōn mea moenia dēstruat aut captam *mē* dūcat
Gaetūlus Iarbās?
I|ar-bās

sī (ali)qua subolēs mih*i* fuisset dē tē
suscepta (: genita) ante fugam *tuam*
subolēs -is *f* = prōlēs
sī (ali)quis parvulus 'Aenēās' mihi
lūderet *in* aulā

quī tē tamen ōre (: vultū) *mihi* referret (tamen : etsī abessēs)

monita -ōrum *n pl* < monēre; Iovis
monitīs = Iovis monitū
im-mōtus -a -um = quī nōn movētur

lūmina : oculōs
obnīxus -a -um = cōnstāns

refert : respondet
ego numquam negābō tē, rēgīna, *dē*
mē prō-meritam esse quae plūrima
fandō ēnumerāre valēs (= potes)
ē-numerāre = multa dīcere numerō

prō-merērī -itum *dēp* = merēre
pigēre: mē piget ↔ mē iuvat
Elissa -ae *f* = Dīdō

dum ipse memor *sum* meī = dum
  memoria mihi est; meī *gen* < ego
spīritus -ūs *m* (< spīrāre) = anima

abs-condere -disse -ditum = cēlāre;
  hanc fugam abscondere

fūrtō *adv* = fūrtīvē

nē finge! : nōlī tē fallere!
coniugis taedās prae-tendere : uxōrem dūcere
taeda -ae *f* = fax iugālis
prae-tendere -disse = ante sē tendere
foedus -eris *n* = lēx inter duōs statūta;
  in *hoc* foed*us* (: coniugium) vēnī
sī fāta mē paterentur meīs auspiciīs
  dūcere vītam (: vīvere)
auspicium -ī *n* (< auspex) = imperium; meīs auspiciīs : ut mihi libet
sponte meā = meā voluntāte
com-pōnere ↔ excitāre

rel-i-qui|ās
colerem : cūrārem

recidīvus -a -um = resurgēns, reno-
  vātus; *meā* manū Pergama recidīva
  posuissem (: restituissem) victīs
Grȳnēus -a -um < Grȳnium, cīvitās
  Asiae Apollinī sacra | It-a-li-am
Italiam magnam Grȳnēus Apollō *mē*
  iussit capessere (= petere/capere);
  Italiam capessere *mē* iuss*ērunt*
  sortēs Lyciae (ab Apolline datae)
Lycius -a -um < Lycia, ubi Apollō
  sortēs (respōnsa dē fātō) reddit
hic amor *meus*, haec patria *mea* est
sī tē, Phoenissam, Karthāginis arcēs
  Libycaeque urbis aspectus dētinet,
  quae invidia est Teucrōs *in* terrā
  Ausoniā cōnsīdere? (: cūr Teucrīs
  invidēs... cōnsīdere?)
tandem : dīc mihi! rogō tē!

exter -era -erum = quī extrā est
et (etiam) nōs exter*um* rēgn*um*
  quaerere fās *est*

quotiēns = quotiēs; *totiēs* quotiēs...
mē imāgō patris Anchīsae turbida...
  in somnīs admonet et terret
igneus -a -um < ignis

imāgō = quod in somnīs vidētur;
  turbida : perturbāta

mē puer Ascanius *admonet*
iniūria capitis cārī : iniūria capitī
  (: puerō) cārō facta
fraudāre = fallere; +*abl* iniūriā ad-
  imere | fātālis -e = fātō datus

dum memor ipse meī, dum spīritus hōs regit artūs.

Prō rē pauca loquar: neque ego hanc abscondere

   fūrtō

spērāvī (nē finge!) fugam, nec coniugis umquam

praetendī taedās aut haec in foedera vēnī.

Mē sī fāta meīs paterentur dūcere vītam   340

auspiciīs et sponte meā compōnere cūrās,

urbem Trōiānam prīmum dulcīsque meōrum

reliquiās colerem, [Priamī tēcta alta manērent,]

et recidīva manū posuissem Pergama victīs! –

sed nunc Italiam magnam Grȳnēus Apollō,   345

Italiam Lyciae iussēre capessere sortēs;

hic amor, haec patria est. Sī tē Karthāginis arcēs

Phoenissam Libycaeque aspectus dētinet urbis,

quae tandem Ausoniā Teucrōs cōnsīdere terrā

invidia est? Et nōs fās extera quaerere rēgna.   350

Mē patris Anchīsae, quotiēns ūmentibus umbrīs

nox operit terrās, quotiēns astra ignea surgunt,

admonet in somnīs et turbida terret imāgō;

mē puer Ascanius capitisque iniūria cārī,

quem rēgnō Hesperiae fraudō et fātālibus arvīs.   355

Nunc etiam interpres dīvum Iove missus ab ipsō

(testor utrumque caput) celerīs mandāta per aurās

dētulit: ipse deum manifēstō in lūmine vīdī

intrantem mūrōs vōcemque hīs auribus hausī.

360 Dēsine mēque tuīs incendere tēque querēllīs!

Italiam nōn sponte sequor."

　　Tālia dīcentem iamdūdum āversa tuētur

hūc illūc volvēns oculōs tōtumque pererrat

lūminibus tacitīs, et sīc accēnsa profātur:

365 "Nec tibi dīva parēns generis nec Dardanus auctor

　　– perfide! – sed dūrīs genuit tē cautibus horrēns

　　Caucasus Hyrcānaeque admōrunt ūbera tigrēs!

　　Nam quid dissimulō aut quae mē ad māiōra re-

　　　servō?

　　Num flētū ingemuit nostrō? num lūmina flexit?

370 num lacrimās victus dedit aut miserātus amantem

　　　est?

　　Quae quibus anteferam? iam iam nec māxima Iūnō

　　nec Sāturnius haec oculīs pater aspicit aequīs.

　　Nusquam tūta fidēs. Ēiectum lītore, egentem

　　excēpī et rēgnī – dēmēns – in parte locāvī.

interpres -etis *m* = lēgātus; interpres
dīv*ōr*um ab ipsō Iove missus per
celer*ēs* aurās mandāta dētulit
testārī = testem facere
utrumque caput *nostrum* : et meum
et tuum caput
manifēstus -a -um = plānus, clārus

auribus haurīre = audīre

dēsine mēque tēque (et mē et tē)
tuīs querēllīs incendere!
It̲-a-li|am
nōn *meā* sponte sequor (: petō)
versus nōn integer

eum tālia dīcentem
tuētur = intuētur

lūminibus : oculīs (tacitīs: silentiō)

nec tibi *est* dīva parēns nec Dardanus
auctor generis
auctor -ōris *m* = is ā quō rēs orta est
cautēs -is *f* = saxum acūtum
in dūrīs cautibus tē genuit horrēns
Caucasus tigrēsque Hyrcānae *tibi*
ūbera admōvērunt (: tē aluērunt)
Caucānus -ī *m*, mōns longinquus
Hyrcānus -a -um < Hyrcānia -ae *f*,
regiō Asiae longinqua | ti̲g-rēs
quid dissimulō? : quid (cūr) simulandō vērum cēlō?
re-servāre = servāre
ad quae māiōra (mala) mē reservō?

flētū nostrō : ob flētum meum
lūmina flexit : oculōs āvertit

Asia

Hyrcania

ante-ferre = praeferre
quae quibus anteferam? : quae prius
/posterius dīcam? unde incipiam?
Sāturnius pater = Iuppiter
aequus -a -um = iūstus

nusquam *adv* = nūllō locō; nusquam tūta *est* fidēs
in lītore

eum excēpī et in parte rēgnī locāvī

āmissam classem *servāvī*	Āmissam classem, sociōs ā morte redūxī 375
furiae -ārum *f pl* = furor, īra furēns augur -is *m* = vātēs (Apollō est deus vātum)	– heu furiīs incēnsa feror! – Nunc augur Apollō,
nunc *etiam* interpres dīv*orum* ab ipsō Iove missus	nunc Lyciae sortēs, nunc et Iove missus ab ipsō
horridus -a -um = horribilis	interpres dīvum fert horrida iussa per aurās!
scīlicet...! : num...? is labor, ea cūra : labor, cūra dē eā rē *deōs* quiētōs (: placidōs) sollicitat! sollicitāre = (animum) turbāre, cūrā afficere re-fellere = falsa repellere; neque *tua* dicta refellō (locum) sequī = petere | I̱t-a-li-am rēgna : rēgn*um tuum*	Scīlicet is superīs labor est, ea cūra quiētōs sollicitat! – Neque tē teneō neque dicta refellō: 380 ī, sequere Italiam ventīs, pete rēgna per undās!
pia nūmina : diī quī impiōs pūniunt equidem spērō *in* mediīs scopulīs *tē* supplicia hausūrum *esse* supplicium haurīre = supplicium patī	Spērō equidem mediīs, sī quid pia nūmina possunt, supplicia hausūrum scopulīs et nōmine "Dīdō!"
ātrīs ignibus : facibus cum ātrō fūmō	saepe vocātūrum! Sequar ātrīs ignibus absēns
sē-dūcere +*abl* = removēre (ab), dī- videre; animā sēdūcere artūs : cor- pus ab animā dīvidere	et, cum frīgida mors animā sēdūxerit artūs, 385
umbra : phantasma	omnibus umbra locīs aderō. Dabis, improbe, poenās!
et haec fāma (dē poenā tuā) mihi sub īmōs Mānēs (: ad Īnferōs) veniet	Audiam, et haec Mānīs veniet mihi fāma sub īmōs."
ab-rumpere = subitō fīnīre, inter- pellāre; hīs dictīs medium sermō- nem abrumpit ex oculīs *eius*	Hīs medium dictīs sermōnem abrumpit et aurās aegra fugit sēque ex oculīs āvertit et aufert,
linquēns *eum* multa dīcere cūnctan- tem metū (: ob metum)	linquēns multa metū cūnctantem et multa volentem 390
famulae *eam* suscipiunt con-lābī = col-lābī	dīcere. Suscipiunt famulae conlāpsaque membra
marmoreō thalamō (*dat* : *in* marmo- re*um* thalam*um*) re-ferunt et *in* strātīs (: lectō) re-pōnunt	marmoreō referunt thalamō strātīsque repōnunt.
lēnīre = temperāre, mulcēre	At pius Aenēās, quamquam lēnīre dolentem
sōlārī = cōnsōlārī	sōlandō cupit et dictīs āvertere cūrās, | ....
ex-sequī = facere (quod iubētur) re-vīsere = iterum vīsere	iussa tamen dīvum exsequitur classemque revīsit. 396

56

Tum vērō Teucrī incumbunt et lītore celsās

dēdūcunt tōtō nāvīs. Natat ūncta carīna,

frondentīsque ferunt rēmōs et rōbora silvīs

400 īnfabricāta – fugae studiō!

. . . .

408   Quis tibi tum, Dīdō, cernentī tālia sēnsus!

quōsve dabās gemitūs, cum lītora fervere lātē

410 prōspicerēs arce ex summā, tōtumque vidērēs

miscērī ante oculōs tantīs clāmōribus aequor!

Improbe Amor, quid nōn mortālia pectora cōgis!

Īre iterum in lacrimās, iterum temptāre precandō

cōgitur et supplex animōs submittere amōrī,

415 nē quid inexpertum – frūstrā moritūra – relinquat.

   "Anna, vidēs tōtō properārī lītore circum:

undique convēnēre; vocat iam carbasus aurās,

puppibus et laetī nautae imposuēre corōnās.

Hunc ego sī potuī tantum spērāre dolōrem,

420 et perferre, soror, poterō. Miserae hoc tamen ūnum

exsequere, Anna, mihī – sōlam nam perfidus ille

tē colere, arcānōs etiam tibi crēdere sēnsūs,

sōla virī mollīs àditūs et tempora nōrās:

(operī) in-cumbere = labōrāre
ā tōtō lītore celsās nāvēs dēdūcunt
ungere ūnxisse ūnctum = perfundere;
  ūncta carīna : nāvēs pice ūnctae;
pix picis *f* = color nigerrimus quō
  lignum ungitur servandī causā
frondēns -entis *adi* = frondeus; fron-
  dentēs rēmōs : nōndum fabricātōs
  ē silvīs

īn-fabricātus -a -um = nōn fabricātus
  versus nōn integer (item v. 503)

nāvis pice pix
ungitur

quis (: quī) tibi *fuit* sēnsus! : quid tū
  sēnsistī!

fervēre/fervere = ārdēre (studiō la-
  bōrantium)

in lacrimās īre : lacrimās effundere
precandō : precibus

anim*um* (suum)
sub-mittere +*dat* = mittere sub, pārentem facere

in-expertus -a -um (< -experīrī);
  n quod nēmō expertus est

"Anna" *inquit*, "vidēs in tōtō lītore
  properārī (: eōs properāre) circum"
  circum *adv* (: circum tōtum lītus)

carbasus -ī *f* = vēlum; carbasus iam
  aurās vocat (: ventum exspectat)

et nautae laetī corōnās puppibus (*dat*
  : in puppīs) imposuēr*unt*

sī (: quoniam) ego potuī hunc tantum
  dolōrem spērāre (: praesentīre), et
  (: etiam) *eum* perferre poterō
mih*ī* miserae...

nam perfidus ille tē sōlam colere, tibi
  etiam arcānōs sēnsūs crēdere *solet*
  (col*ere*, crēd*ere: īnf prō ind*)
colere = dīligenter cūrāre
arcānus -a -um = aliis ignōtus, prī-
  vātus
tū sōla virī moll*ēs* aditūs et tempora
  (: idōnea tempora virī adeundī)
nō*v*erās (: nōvistī)

57

ī, soror, atque hostem supplex adfāre superbum:

Nōn ego cum Danaīs Trōiānam exscindere gentem 425

Aulide iūrāvī classemve ad Pergama mīsī,

nec patris Anchīsae cinerēs Mānīsve revellī:

cūr mea dicta negat dūrās dēmittere in aurīs?

Quō ruit? Extrēmum hoc miserae det mūnus amantī:

exspectet facilemque fugam ventōsque ferentīs! 430

Nōn iam coniugium antīquum, quod prōdidit, ōrō,

nec pulchrō ut Latiō careat rēgnumque relinquat:

tempus ināne petō, requiem spatiumque furōrī,

dum mea mē victam doceat fortūna dolēre!

Extrēmam hanc ōrō veniam – miserēre sorōris! – 435

quam mihi cum dederit cumulātam morte remittam."

    Tālibus ōrābat, tālīsque miserrima flētūs

fertque refertque soror, sed nūllīs ille movētur

flētibus aut vōcēs ūllās tractābilis audit.

Fāta obstant placidāsque virī deus obstruit aurīs. 440

....

Mēns immōta manet, lacrimae volvuntur inānēs! 449

    Tum vērō īnfēlīx fātīs exterrita Dīdō 450

mortem ōrat – taedet caelī convexa tuērī.

Aulis -idis *f*, portus unde classis Graecōrum Trōiam profecta est iūrāre = diīs testibus affīrmāre; ego nōn iūrāvī 'mē Trōiānam gentem exscissūram esse' (ut Graecī) cinerēs : ossa sepulta, sepulcrum re-vellere -lisse -vulsum = ēripere, perturbāre (revellī: ut Diomēdēs?) cūr negat (: nōn vult) mea dicta in dūrās aurēs dēmittere (: admittere)

ventus ferēns = ventus secundus

prō-dere -didisse -ditum = perfidē fallere

requiēs -ētis *f*, *acc* -iem = quiēs spatium -ī *n* = tempus quod interest; requiem spatiumque (furōrī) : spatium requiēscendī (mihi furentī) dum (: ut interim) mea fortūna mē victam dolēre doceat

cumulāre = augēre (additō praemiō) remittam : reddam, referam

tālibus *verbīs* tālēs flētūs : tālia verba cum flētū

aut (: neque) ūllās vōcēs tractābilis audit = et omnēs vōcēs in-tractābilis audit placidās : immōtās ob-struere = claudere prohibendō

inānēs : vānae (: nēquīquam)

taedēre (+*acc*) = pigēre; taedet *eam* caelī convexa tuērī (= intuērī) convexum caelī = orbis caelī, caelum

Quō magis inceptum peragat lūcemque relinquat,

vīdit, tūricremīs cum dōna impōneret ārīs,

– horrendum dictū! – laticēs nigrēscere sacrōs

455 fūsaque in obscēnum sē vertere vīna cruōrem!

Hoc vīsum nūllī, nōn ipsī effāta sorōrī.

Praetereā fuit in tēctīs dē marmore templum

coniugis antīquī mīrō quod honōre colēbat,

velleribus niveīs et fēstā fronde revīnctum:

460 hinc exaudīrī vōcēs et verba vocantis

vīsa virī, nox cum terrās obscūra tenēret,

sōlaque culminibus fērālī carmine būbō

saepe querī et longās in flētum dūcere vōcēs.

Multaque praetereā vātum praedicta priōrum

465 terribilī monitū horrificant. Agit ipse furentem

in somnīs ferus Aenēās, semperque relinquī

sōla sibī, semper longam incomitāta vidētur

īre viam et Tyriōs dēsertā quaerere terrā.

. . . .

474 Ergō ubi concēpit furiās ēvicta dolōre

475 dēcrēvitque morī, tempus sēcum ipsa modumque

exigit et maestam dictīs adgressa sorōrem

Margin notes:

quō magis = ut eō magis
inceptum -ī *n* = cōnsilium parātum
lūcem (: vītam) relinquere : morī

tūri-cremus -a -um: āra tūricrema =
āra in quā tūs cremātur (ūritur)

nigrēscere = niger fierī
nig|rēs-ce-re |sac-rōs

obscēnus -a -um = foedus, horribilis
(vīdit...) fūsaque vīna in obscēnum
cruōrem sē vertere (: mūtārī)

vīsum -ī *n* = quod vīsum est; hoc vīsum nūllī, nōn ipsī sorōrī effāta *est*
(: nārrāvit)
in tēctīs : in aedibus

(coniūnx) antīquus = prior

vellus -eris *n* = pellis ovis cum lānā
fēstus -a um = diē fēstō dignus
re-vincīre = vinciendō cingere

hinc vōcēs et verba virī vocantis exaudīrī *eī* vīsa *sunt*,
cum nox obscūra
terrās tenēret
būbō
in culminibus
fērālis -e = dē mortuīs
būbō -ōnis *m/f*, avis quae noctū 'bū-
bū' facit ('longās vōcēs dūcit')
būbō saepe querī *eī vīsa est*

vātum priōrum : vātum veterum

horrificāre = horrentem facere

ipse ferus Aenēās *eam* furentem in
somnīs agit
sōla relinquī sib*i* vidētur
in-comitātus -a -um = sine comite

in terrā dēsertā

con-cipere -iō -cēpisse -ceptum = in
sē (in mente) recipere
ē-vincere = superāre

dē-cernere -crēvisse -crētum = cōn-
stituere
(sē-cum) ex-igere = reputāre
ad-/ag-gredī -gressum (< ad + gradī)
= adīre

tegit : cēlat
serēnāre = serēnum/clārum facere

"invēnī" *inquit* "..."
grātārī +*dat* ↔ miserērī

solvere +*abl* = līberāre

iūxtā fīnem Ōceanī
sōl cadēns = sōl occidēns

Aethiopēs -um *m pl*, incolae Aethiopiae (Āfricae interiōris)
Atlās axem stēllīs ārdentibus aptum
umerō torquet (: volvit)
axis -is *m* = orbis caelī
aptus -a -um +*abl* = ōrnātus

hinc (: ex hōc locō) sacerdōs Massȳlae gentis mihi mōnstrāta *est*

carminibus: vātēs et sacerdōtēs
verba sacra *canunt*

aliīs *mentibus* (: in aliās mentēs)
im-mittere (+*dat*) < in-mittere

sistere = stantem facere; *dīcit 'sē
sistere aquam in fluviīs...'* | ret-rō
retrō *adv* = eō unde vēnērunt (←)
mūgīre = 'mū' facere (ut bōs)
terram mūgīre vidē-
bis : terra mūgīre
tibi vidēbitur
dē montibus
ornus
-ī *f*

testor deōs et tē, cāra germāna...: '...
magicus -a -um; ars magica: quā rēs
contrā nātūram fierī videntur
invītus -a -um = nōlēns (↔ libēns)
'*mē* invītam ar*tibus* magic*īs* accingī
(: armārī, ūtī)' | -ier *īnf pass* = -ī
sēcrētus -a -um = sōlus, sine sociīs
pyra -ae *f* = rogus
in tēctō (: domō) interiōre
in thalamō

vir impius (: Aenēās)
exuviae -ārum *f pl* (< exuere) = vestī-
menta
super-impōnās (: super pyram)
ne-fandus -a -um = īnfandus
mē iuvat (: dēlectat) abolēre cūncta
monimenta virī nefandī
monimentum -ī *n* = monumentum;
m. virī = quod monet dē virō
: ita mihi mōnstrat (: mē docet)
sacerdōs

cōnsilium vultū tegit ac spem fronte serēnat:

"Invēnī, germāna, viam – grātāre sorōrī! –

quae mihi reddat eum vel eō mē solvat amantem.

Ōceanī fīnem iūxtā sōlemque cadentem   480

ultimus Aethiopum locus est, ubi māximus Atlās

axem umerō torquet stēllīs ārdentibus aptum:

hinc mihi Massȳlae gentis mōnstrāta sacerdōs;

....

haec 'sē carminibus' prōmittit 'solvere mentēs   487

quās velit' ast 'aliīs dūrās immittere cūrās;

sistere aquam fluviīs et vertere sīdera retrō!'

Nocturnōsque movet Mānīs; mūgīre vidēbis   490

sub pedibus terram et dēscendere montibus ornōs!

Testor, cāra, deōs et tē, germāna, tuumque

dulce caput: 'magicās invītam accingier artīs.'

Tū sēcrēta pyram tēctō interiōre sub aurās

ērige et arma virī, thalamō quae fīxa relīquit   495

impius, exuviāsque omnīs lectumque iugālem,

quō periī, superimpōnās! Abolēre nefandī

cūncta virī monimenta iuvat, mōnstratque sacer-

dōs."

Haec effāta silet; pallor simul occupat ōra.

500 Nōn tamen Anna novīs praetexere fūnera sacrīs

germānam crēdit, nec tantōs mente furōrēs

concipit aut graviōra timet quam morte Sychaeī.

Ergō iussa parat.

At rēgīna, pyrā penetrālī in sēde sub aurās

505 ērēctā ingentī taedīs atque īlice sectā,

intenditque locum sertīs et fronde corōnat

fūnereā; super exuviās ēnsemque relictum

effigiemque torō locat, haud ignāra futūrī.

Stant ārae circum et crīnīs effūsa sacerdōs

510 ter centum tonat ōre deōs, Erebumque Chaosque

tergeminamque Hecatēn, tria virginis ōra Diānae.

....

517 Ipsa molā manibusque piīs altāria iūxtā

– ūnum exūta pedem vinclīs, in veste recīnctā –

testātur moritūra deōs et cōnscia fātī

520 sīdera; tum, sī quod nōn aequō foedere amantīs

cūrae nūmen habet iūstumque memorque, precātur.

Nox erat, et placidum carpēbant fessa sopōrem

corpora per terrās, silvaeque et saeva quiērant

pallor -ōris *m* < pallēre
occupāre = capere, operīre; pallor
  ō*s* occupat : pallēscit
nōn tamen Anna crēdit germānam
  novīs sacrīs fūn*us* (: mortem) prae-
  texere | sac-rīs

mente con-cipere = mente capere,
  intellegere

īlex   pīnus
-icis *f*   -ūs *f*

penetrālis -e = interior
pyrā ingentī in sēde (: locō) penetrālī sub aurās ērēctā *ex* taed*ā*...
taeda -ae *f* = lignum *pīnūs* arboris
īlex -icis *f*, genus arboris et lignum

in-tendere + *abl* = exōrnāre

fūnereus -a -um < fūnus
super *adv* : super pyram

effigiemque *Aenēae in* torō locat
futūrī : reī futūrae

crīnēs (*acc*) effūsa = ut crīnēs ef-
  fūdit, crīnibus effūsīs (= passīs)

tonat ōre : tonantī vōce invocat
Erebus -ī *m*, Chaos -ī *n*, Hecatē -ēs
  (*acc Gr* -ēn) *f*, diī/dea Īnferōrum
ter-geminus -a -um = trium partium;
  Hecatē virgō, quae eadem Diāna
  vocātur, tria ōra gerit
molere -uisse -itum = sēmen frangere *molā* (īnstrūmentō rotundō)
mola -ae *f* = sēmen molitum (sacri-
  ficiīs mola et sāl in āram spargitur)
ipsa (Dīdō) *cum* molā manibusque
  piīs iūxtā altāria.....
: ut ūnum pedem vinc*ulī*s (calceō)
  exuit (: alterō pede nūdātō)
re-cingere = cingulō solvere
.....moritūra testātur deōs et sīdera
  cōnscia fātī (quae fātum sciunt)
nōn aequō foedere amantēs = amantēs quī/quae nōn aequē amantur
sī (ali)quod nūmen iūstum memorque nōn aequō foedere amant*ēs*
  cūrae habet, (id nūmen) precātur
cūrae habēre = cūrāre

sopor -ōris *m* = somnus; sopōrem
  carpere = dormīre; fessa corpora
  placidum sopōrem carpēbant
quiēscere -ēvisse = quiētus fierī;
  quiērant = quiē*v*erant

61

lāpsus -ūs *m* < lābī; lāpsū : cursū

volucris -is *f* = avis; pictae : variō-
rum colōrum | vol̠luc-rēs
liquidus -a -um = fluēns (ut aqua)
: et *volucrēs* quae lacūs lātē liquidōs
et quae rūra dūmīs aspera (: ob dū-
mōs invia) tenent (: incolunt)
in somnō positae *sunt*

dūmus
-ī *m*

at nōn *quiēscit...*
īnfēlīx animī : *in* animō

in somnōs solvī = somnum capere
(= noctem accipere)

in-gemināre (< geminus) = duplex
fierī, augērī

flūctuāre = (flūctibus) iactārī
aestus -ūs *m* = turbō, mēns turbāta
sīc ad-eō = sīc vērō
īn-sistere = cōnstanter pergere
sēcum corde volūtāre = cōgitāre, reputāre
procus -ī *m* = vir quī uxōrem petit
in-/īr-rīdēre -sisse -sum = dērīdēre;
inrīsa : etsī irrīsa erō

dē-dignārī = spernere ut indignum;
quōs dēdignāta *sim* = *cum* eōs dēdignāta *sim* : *etsī* eōs dēdignāta *sum*
ultima Teucrōrum iussa = quidquid
Teucrī iusserint
iussa sequī : pārēre
quia-ne *eōs* iuvat auxiliō *meō* ante
levātōs *esse* et grātia stat apud memorēs veteris bene factī? (: et quia
grātiam habent memorēs veteris
beneficiī?); bene factum = beneficium
fac *mē* velle : sī vellem (eōs sequī)
quis autem mē *sequī* sinet invīsam-
que *in* ratibus superbīs accipiet?
heu, perdita! nescīs necdum sentīs
periūria gentis Laomedonteae?
Laomedonteus -a -um < Laomedōn
-ontis *m*, pater Priamī, rēx perfidus
per-iūrium -ī *n* = maleficium eius quī
falsum iūrat, *perfidia* (< perfidus)

manus -ūs *f* = caterva

aequora, cum mediō volvuntur sīdera lāpsū,

cum tacet omnis ager, pecudēs pictaeque volucrēs, 525

quaeque lacūs lātē liquidōs quaeque aspera dūmīs

rūra tenent, somnō positae sub nocte silentī.

[....................]

At nōn īnfēlīx animī Phoenissa, neque umquam 529

solvitur in somnōs oculīsve aut pectore noctem 530

accipit: ingeminant cūrae rūrsusque resurgēns

saevit amor magnōque īrārum flūctuat aestū.

Sīc adeō īnsistit sēcumque ita corde volūtat:

"Ēn, quid agō? rūrsusque procōs inrīsa priōrēs

experiar? Nomadumque petam cōnūbia supplex, 535

quōs ego sim totiēns iam dēdignāta marītōs?

Īliacās igitur classīs atque ultima Teucrum

iussa sequar? quiane auxiliō iuvat ante levātōs

et bene apud memorēs veteris stat grātia factī?

Quis mē autem, fac velle, sinet ratibusque superbīs 540

invīsam accipiet? Nescīs – heu, perdita! – necdum

Laomedontēae sentīs periūria gentis?

Quid tum? sōla fugā nautās comitābor ovantīs?

an Tyriīs omnīque manū stīpāta meōrum

62

545 īnferar et, quōs Sīdŏniā vix urbe revellī,

rūrsus agam pelagō et ventīs dare vēla iubēbō?

Quīn morere ut merita es, ferrōque āverte dolōrem!"

īnferar = mē īnferam (ad Trōiānōs) et *eōs* quōs *ex* urbe Sīdŏniā vix revellī rūrsus agam pelagō (: in pelagus)?

quīn (+*imp*) = at certē, age! merĕr*ī* -itum esse (*dēp*) = merē*re* ferrō : gladiō

....

554   Aenēās celsā in puppī iam certus eundī

555 carpēbat somnōs, rēbus iam rīte parātīs.

Huic sē fōrma deī vultū redeuntis eōdem

obtulit in somnīs rūrsusque ita vīsa monēre est

– omnia Mercuriō similis, vōcemque colōrem-

que et crīnīs flāvōs et membra decōra iuventae – :

560 "Nāte deā, potes hōc sub cāsū dūcere somnōs?

nec quae tē circum stent dĕinde perīcula cernis,

dēmēns, nec Zephyrōs audīs spīrāre secundōs?

Illa dolōs dīrumque nefās in pectore versat

certa morī, variōsque īrārum concitat aestūs.

565 Nōn fugis hinc praeceps dum praecipitāre potestās?

Iam mare turbārī trabibus saevāsque vidēbis

conlūcēre facēs, iam fervere lītora flammīs,

sī tē hīs attigerit terrīs Aurōra morantem.

Hēia age, rumpe morās! Varium et mūtābile semper

570 fēmina!" Sīc fātus noctī sē immiscuit ātrae.

certus +*ger/īnf*: certus eundī /īre = quī certō cōnstituit īre

somnōs carpere/dūcere = dormīre rīte *adv* = rēctē, probē

huic fōrma deī eōdem vultū redeuntis sē obtulit (: sē ostendit)

vīsa est ita monēre...: "Nāte deā..."

Mercuriō similis omn*ibus* (*rēbus*): vōce, colōre, crī*nibus* flāv*īs*, memb*rīs* decōr*īs* (*acc prō abl*) co|lō-rem||qu'et crī|nīs

nāte deā! = fīlī deae!

quae perīcula deinde circum tē stent deinde = posthāc

spīrāre = flāre

con-citāre = excitāre

dum *tibi est* potestās praecipitandī

iam (+*fut*) = mox trabibus : nāvibus

con-/col-lūcēre = lūcēre

sī Aurōra tē *in* hīs terrīs morantem attigerit

hēia! (= heus!) age, *ab*rumpe morās! mūtābilis -e = quī mūtārī potest : fēmina est quod semper mūtātur! im-miscēre +*dat* < in-miscēre

umbrīs : tenebrīs

corpus corripit = sē corripit
sociōs fatīgat praecipitēs : sociōs
  labōrāre et sē praecipitāre iubet

trānstrum -ī *n* = sēdēs rēmigantium;
  in trānstrīs

citī : citō
(+ *v.*594)   fūnis *tortus*
               (< torquēre)

: ecce iterum *nōs* stimulat ut fugam
  festīnēmus tortōsque fūnēs incīdā-
  mus | festīnāre = properāre
sānctus -a -um = sacer, dīvīnus

placidus : benignus
ō, adsīs *nōbīs* placidusque *nōs* iuvēs
  et sīdera *in* caelō dextra ferās!
dexter -tra -trum = favēns, fēlīx
ē vāgīnā

fulmineus -a -um (<fulmen)=fulgēns
retināculum -ī *n* = fūnis

scōpae
-ārum *f pl*

verrere: servus *scōpīs* verrit; nauta
  rēmīs mare verrit : rēmigat
adnīxī (: adnītentēs) torquent... verrunt : omnibus vīribus rēmigant
caerula -ōrum *n pl* = mare *caeruleum*
caeruleus -a -um: color caelī/maris
prīma Aurōra, Tithōnī cubīle croceum linquēns, terrās novō lūmine
  spargēbat | cubīle -is *n* = lectus
Tīthōnus -ī *m*, marītus Aurōrae

specula -ae *f* = turris unde prō-
  spicitur; ē speculā
albēscere = albus (clārus) fierī

lītus et portum vacu*um esse* sēnsit
rēmex -igis *m* = nauta quī rēmigat

pectus decōrum percussa : ut pectus
  decōrum percussit
flāvēns -entis *adi* = flāvus
ab-scindere -idisse -issum = abripere
abscissa fiāventēs comās : ut flā-
  ventēs comās abscidit
nostrō (: meō) rēgnō inlūserit
in-lūdere +*dat* = il-lūdere

Tum vērō Aenēās subitīs exterritus umbrīs

corripit ē somnō corpus sociōsque fatīgat

praecipitīs: "Vigilāte, virī, et cōnsīdite trānstrīs!

Solvite vēla citī! Deus aethere missus ab altō

festīnāre fugam tortōsque incīdere fūnīs   575

ecce iterum stimulat. Sequimur tē, sāncte deōrum,

quisquis es, imperiōque iterum pārēmus ovantēs.

Adsīs, ō, placidusque iuvēs et sīdera caelō

dextra ferās!" Dīxit, vāgīnāque ēripit ēnsem

fulmineum strictōque ferit retinācula ferrō.   580

Īdem omnīs simul ārdor habet, rapiuntque ruuntque;

lītora dēseruēre, latet sub classibus aequor,

adnīxī torquent spūmās et caerula verrunt.

    Et iam prīma novō spargēbat lūmine terrās

Tīthōnī croceum linquēns Aurōra cubīle.   585

Rēgīna ē speculīs ut prīmam albēscere lūcem

vīdit et aequātīs classem prōcēdere vēlīs,

lītoraque et vacuōs sēnsit sine rēmige portūs,

terque quaterque manū pectus percussa decōrum

flāventīsque abscissa comās "Prō, Iuppiter! Ībit   590

hic" ¹ ait "et nostrīs inlūserit advena rēgnīs?

Nōn arma expedient tōtāque ex urbe sequentur,

dēripientque ratēs aliī nāvālibus? Īte,

ferte citī flammās, date tēla, impellite rēmōs!

595 Quid loquor? aut ubi sum? quae mentem īnsānia

mūtat?

Īnfēlīx Dīdō! nunc tē facta impia tangunt?

Tum decuit cum scēptra dabās! Ēn dextra fidēsque

quem 'sēcum patriōs' āiunt 'portāre Penātīs',

quem 'subiisse umerīs cōnfectum aetāte parentem'!

600 Nōn potuī abreptum dīvellere corpus et undīs

spargere? nōn sociōs, nōn ipsum absūmere ferrō

Ascanium patriīsque epulandum pōnere mēnsīs?!

Vērum anceps pugnae fuerat fortūna. – Fuisset!

Quem metuī moritūra? Facēs in castra tulissem

605 implēssemque forōs flammīs nātumque patremque

cum genere exstīnxem, mēmet super ipsa dedissem!

Sōl! quī terrārum flammīs opera omnia lūstrās,

tūque hārum interpres cūrārum et cōnscia Iūnō,

nocturnīsque Hecatē triviīs ululāta per urbēs

610 et Dīrae ultrīcēs et dī morientis Elissae,

accipite haec, meritumque malīs advertite nūmen

nōnne arma expedient aliī ...?

dē-ripere -iō -uisse -reptum = ēripere
ratēs (: nāvēs) ē nāvālibus
nāvālia -ium n pl = locus ubi nāvēs
aedificantur vel reficiuntur
im-pellere = movēre, agere

quae īnsānia mentem meam mūtat?

nunc facta tua impia (: quod fidem
solvistī!) tē tangunt (: afficiunt)?
tum facta tua impia tē tangere decuit
(: decuisset) cum eī scēptrum dabās!
ēn dextra fidēsque eius quem...!

sub-iisse umerīs : umerīs portāvisse
cōn-ficere = invalidum facere

nōnne potuī (: potuissem) corpus eius
abreptum (: abripere ac) dīvellere?
dī-vellere = vī scindere

nōnne sociōs, nōnne ipsum Ascanium ferrō (: gladiō) absūmere potuī
patriīsque mēnsīs (: atque in patriā
mensā) pōnere epulandum?!

anceps -cipitis adi = dubius
pugnae fortūna anceps fuisset (sī ita
fēcissem)

tulissem : ferre dēbuī (dēbuissem)

implēvissem = implēre dēbuī
forus -ī m = nāvis interior (spatium
inter trānstra)
exstīnxissem : exstinguere dēbuī
mē-met = mē; mēmet ipsa super eōs
dedissem (: iēcissem)

lūstrāre (lūce/flammīs) = illūstrāre
Iūnō interpres et cōnscia hārum cūrārum (: quae hās cūrās (amōrem)
affers et scīs
trivium -ī n = locus quō trēs viae
iunguntur; in triviīs nocturnīs (ibi
Hecatē noctū adōrātur)
ululāre = ululātū invocāre

Dīrae -ārum f pl, deae ultrīcēs
ultor -ōris m, ultrīx -īcis f
accipite : audīte
advertite nūmen meritum (: dēbitum)
malīs (: ad haec mala)

65

sī necesse est īnfandum caput (: Aenēam) portūs tangere ac terrīs (ad
terrās) ad-nāre

terminus -ī *m* = lapis quī fīnem statuit, fīnis; *sī* hic terminus haeret
(: fīxus est)
audāx populus: Rutulī -ōrum *m pl*,
gēns Latiī quī Aenēae bellum fēcit
vexāre = malō afficere, afflīgere
ex-torris -e (+*abl*) = profugus (ex)
ā-vellere -lisse -vulsum = abripere;
ā complexū Iūlī āvulsus | I|ū-lī

utinam auxilium implōret...!

in-īquus -a -um = iniūstus
pāx inīqua: cum Rutulīs et Latīnīs
quā Trōiānī 'Latīnī' appellātī sunt
optātā lūce : beātā vītā

cadat (: moriātur) *in* mediā harēnā
Aenēās iuvenis in fluviō mersus re-
pertus nōn est neque sepultus

fundō : ef-fundō

omne genus *eius* futūrum

odiīs exercēre = ōdisse
haec mūnera mittite cinerī *meō!* (ad
mortuōs sepultōs mittuntur mūnera)
foedus -eris *n* = lēx pācis
suntō *imp fut pers 3 pl* = futūra sint
-re pers 2 sg pass = -ris: exoriā*re*,
sequā*re* = exoriā*ris*, sequā*ris*
utinam exoriā*ris (tū)* ultor aliquis ex
meīs ossibus quī colōnōs Dardaniōs
face (: igne) ferrōque sequā*ris...!*
aliquis ultor: *Hannibal* -alis *m*, dux
Poenōrum bellō Pūnicō secundō
dabunt sē : dabuntur

imprecor *ut sint* lītora lītoribus contrāria...! : ut semper hostēs sint!

im-precārī = precārī
nepōtēs : posterī
ne|pō-tēs-||qu'haec
animum in omnēs partēs versābat
quaerēns (: cupiēns) quam prīmum
lūcem (: vītam) invīsam abrumpere
quam prīmum = cum prīmum fierī
potest, quam celerrimē

et nostrās audīte precēs! Sī tangere portūs

īnfandum caput ac terrīs adnāre necesse est,

et sīc fāta Iovis poscunt, hic terminus haeret:

at bellō audācis populī vexātus et armīs,   615

fīnibus extorris, complexū āvulsus Iūlī

auxilium implōret videatque indigna suōrum

fūnera! nec, cum sē sub lēgēs pācis inīquae

trādiderit, rēgnō aut optātā lūce fruātur,

sed cadat ante diem mediāque inhumātus harēnā!   620

Haec precor, hanc vōcem extrēmam cum sanguine

    fundō.

Tum vōs, ō Tyriī, stirpem et genus omne futūrum

exercēte odiīs, cinerīque haec mittite nostrō

mūnera! Nūllus amor populīs nec foedera suntō!

Exoriāre aliquis nostrīs ex ossibus ultor   625

quī face Dardaniōs ferrōque sequāre colōnōs,

nunc, ōlim, quōcumque dabunt sē tempore vīrēs!

Lītora lītoribus contrāria, flūctibus undās

imprecor, arma armīs – pugnent ipsīque nepōtēs-

que!" Haec ait, et partīs animum versābat in omnīs 630

invīsam quaerēns quam prīmum abrumpere lūcem.

....

642 At trepida et coeptīs immānibus effera Dīdō,

sanguineam volvēns aciem, maculīsque trementīs

interfūsa genās et pallida morte futūrā,

645 interiōra domūs inrumpit līmina et altōs

cōnscendit furibunda rogōs ēnsemque reclūdit

Dardanium, nōn hōs quaesītum mūnus in ūsūs!

Hīc, postquam Īliacās vestēs nōtumque cubīle

cōnspexit, paulum lacrimīs et mente morāta

650 incubuitque torō dīxitque novissima verba:

"Dulcēs exuviae, dum fāta deusque sinēbat,

accipite hanc animam mēque hīs exsolvite cūrīs!

Vīxī et quem dederat cursum fortūna perēgī,

et nunc magna meī sub terrās ībit imāgō.

655 Urbem praeclāram statuī, mea moenia vīdī,

ulta virum poenās inimīcō ā frātre recēpī,

fēlīx, heu nimium fēlīx, sī lītora tantum

numquam Dardaniae tetigissent nostra carīnae!"

Dīxit, et ōs impressa torō "Moriēmur inultae,

660 sed moriāmur!" ait, "Sīc, sīc iuvat īre sub umbrās!

Hauriat hunc oculīs ignem crūdēlis ab altō

coeptum -ī *n* = inceptum
efferus -a -um = ferōx, saevus

aciēs -ēī *f* = sēnsus videndī, oculī

genās trementēs maculīs interfūsa
  (: ut genās... interfūdit)
inter-fundere = perfundere

interiōra līmina : domus interior
in-/ir-rumpere = citō intrāre
et alt*um* rog*um* cōnscendit
furibundus -a -um = furēns
(ēnsem) re-clūdere = ēdūcere

mūnus nōn in *hunc* ūs*um* quaesītum

lacrimīs et mente : cum lacrimīs re-
  putāns

novissimus -a -um = ultimus

dum fāta deusque *vōs dulcēs esse*
  sinēbat

ex-solvere +*abl* = solvere, līberāre

cursum quem *mihi* dederat fortūna
  perēgī

meī *gen* < ego; imāgō meī (: Dīdōnis)

ulta : ulcīscēns
poenās ā frātre inimīcō recēpī = frāter inimīcus poenās mihi dedit =
  frātrem inimīcum pūnīvī

sī tantum carīnae Dardaniae numquam lītora nostra tetigissent

ōs torō impressa : ut ōs torō (in to-
  rum) impressit
moriēmur inultae : moriar inulta

sub umbrās : ad Īnferōs

utinam Dardanus crūdēlis ab altō
  (marī) hunc ignem oculīs hauriat
  (: cōnspiciat)

67

Dardanus, et nostrae sēcum ferat ōmina mortis!"

 Dīxerat, atque illam media inter tālia ferrō

conlāpsam aspiciunt comitēs, ēnsemque cruōre

spūmantem sparsāsque manūs. It clāmor ad alta   665

ātria – concussam bacchātur Fāma per urbem!

Lāmentīs gemitūque et fēmineō ˈululātū

tēcta fremunt, resonat magnīs plangōribus aethēr,

nōn aliter quam sī immissīs ruat hostibus omnis

Karthāgō aut antīqua Tyros, flammaeque furentēs 670

culmina perque hominum volvantur perque deōrum!

....

Dardanus -ī *m* = Dardanius
ōmen -inis *n* = signum malī futūrī

ferrō (*dat*) : in ferrum (: in ēnsem)

con-lābī = col-lābī

sparsās manūs : extentās manūs

con-cutere -iō -cussisse -cussum =
quatere, permovēre; Fāma per urbem concussam bacchātur (furit)
lāmenta -ōrum *n pl* = clāmor plō-
rantium
fēmineus -a -um < fēmina

plangor -ōris *m* = clāmor maerentis,
querēlla

im-mittere < in-mittere

sī, immissīs hostibus, omnis Karthāgō aut antīqua Tyros ru*eret* flammaeque furentēs volv*erentur* per
culmina (: aedificia) hominumque
deōrumque (: et domūs et templa)

(Litterīs oblīquīs [*abc...*] scrībuntur vocābula quae appārent in ROMA AETERNA cap. XXXVI–XL)

70

611;IV.60,307,314,597
dictō citius I.142
dicāre I.73
diciō -ōnis *f* I.622
diēs -ēī *m* I.88
dif-fundere I.319; IV.195
dignārī I.335; IV.192
dī-gredī -gressum IV.80
dīlēctus -a -um IV.31
dī-movēre IV.7
dī-rigere -rēxisse -rēctum I.401
dī-ripere -iō -uisse -reptum I.211
dis-cernere -crēvisse -crētum IV.264
discrīmen -inis *n* I.204,574
dis-cumbere -cubuisse -cubitum
   I.700,708
dis-icere -iō -iēcisse -iectum I.43,70,
   128
dis-pellere -pulisse -pulsum I.512,538
dis-simulāre I.516; IV.291,305,368
dītissimus -a -um *sup* I.343
dīva -ae *f* I.447,482,505; IV.365
dī-vellere IV.600
dī-versus -a -um pāg.5.11; I.70,376;
   IV.163
dīves -itis *adi* +*gen* I.14,343
dīvī -ōrum *m pl* I.46,79,632: IV.204,
   378,396
dīvīnus -a -um I.403
dolēre +*acc* I.9
dolus -ī *m* I.130,673,682,684; IV.296,
   563
domus -ūs *f* IV.318
dorsum -ī *n* I.110
dūcere I.19, 423(mūrōs); IV.340 (vītam),463(vōcēs),560(somnōs)
ductor -ōris *m* I.189; IV.37
dulcis -e I.659,687,694; IV.33; I.167
   (aqua)
dum I.607,608; +*coni* I.5; IV.325,434
dūmus -ī *m* IV.526
duplex -icis *m* I.93,655
dūrāre I.207
E
ebur -oris *n* I.592
ē-dere -didisse -ditum pāg.6.7
ef-fārī IV.30,76,456,499
ef-ferre ex-tulisse ē-lātum I.127,652
efferus -a -um IV.602
effigiēs -ēī *f* IV.508
ef-fodere -iō -fōdisse -fossum I.427,
   443
ef-fundere I.98(animam); IV.509
   (crīnēs)
egēnus -a -um I.599
egēns -entis *adi* I.384; IV.373
ē-iectus -a -um I.578; IV.373
eius-modī pāg.6.15
elephantus -ī *m* I.(592)
ē-mendāre pāg.6.3,4,6,9
ē-mittere I.125
ēn I.461; IV.534,597

-ēn *acc sg Gr* = -am I.558,570,644;
   IV.511
ē-nitēre IV.150
ē-numerāre IV.334
epulae -ārum *f pl* I.79,216,723
epulārī IV.207,602
~ēre = ~ērunt pāg.6.16; I.12,84,90,
   130, 365,404,418,443,532,606,708;
   II.1; IV.35,153,164,167,321,346,
   417,418, 582
ē-rigere -rēxisse -rēctum IV.495,505
error -ōris *m* I.755
ē-rudīre pāg.5.5
ē-ruere -ruisse -rutum II.5
ē-rumpere I.580
estō! IV.35
Eurus -ī *m* I.85,110,131,140,383
ē-vānēscere -nuisse IV.278
ē-vertere I.43
ē-vincere IV.474
ē-vocāre IV.242
exācta -ōrum *n pl* (< ex-igere) I.309
exanimus -a -um I.484
ex-cēdere I.357
ex-cerpere -psisse -ptum pāg.5.(1)
excerptum -ī *n* pāg. 5.1
ex-cidere -disse I.26
ex-cīdere -disse -cīsum I.429
excidium -i *n* I.22
ex-ciēre -cīvisse -citum IV.301
ex-cipere -iō -cēpit -ceptum IV.297
ex-cūdere -disse I.174
ex-cutere -iō -cussisse -cussum I.115
ex-ercēre I.499; IV.87,623(odiīs)
ex-haurīre -sisse -stum I.599; IV.14
ex-igere -ēgisse -āctum I.75,309; IV.
   476(sēcum)
ex-imere -ēmisse -ēmptum I.216
exōrdium -ī *n* IV.284
ex-orīrī -ortum IV.130,625
ex-pedīre I.178,702; IV.592
ex-pellere -pulisse -pulsum I.620
ex-perīrī -pertum I.202; IV.535
ex-plēre I.713
ex-plōrāre I.77,307
ex-poscere IV.79
ex-quīrere -quīsīvisse -quīsītum IV.57
ex-scindere I.(22); IV.425
ex-sequī IV.396,421
ex-serere -uisse -sertum I.492
ex-solvere IV.652
ex-spectāre IV.225
ex-spīrāre I.44
ex-stinguere -īnxisse -īnctum IV.322;
   IV.606
ex-struere -ūxisse -ūctum IV.267
extemplō adv I.92; IV.173
exter -era -erum IV.350
ex-terrēre IV.450,571
extorris -e IV.616
extrēmus -a -um IV.179,429,435,621;
   n pl I.219,577

ex-uere -uisse -ūtum I.690; IV.319,
   518
ex-ūrere I.39
exuviae -ārum *f pl* IV.496,507,651
F
fac +*acc* +*īnf* IV.540
facessere IV.295
faciēs -ēī *f* I.658,683
fāma -ae *f* I.379,457,463,532; IV.170,
   173,174,218,221,298,323,387,666
famula -ae *f* I.703; IV.391
famulus -ī *m* I.701
fandum -ī *n* I.543
fās (est) I.77,206; IV.350
fastīgium -ī *n* I.342,438
fātālis -e IV.355
fatīgāre IV.572
fatīscere I.123
fātum -ī *n* I.2; IV.519; *pl* I.18,32,39,
   205,222,382,546; III.717; IV.14,20,
   225,340,440,450,614,651
faucēs -ium *f pl* IV.280
fax facis *f* IV.567,604,626
favēns -entis *adi* I.735
fefellisse < fallere IV.17
fēlīx -īcis *adi* I.330
fēmineus -a -um IV.667
fērālis -e IV.462
ferēns -entis *adi* (ventus) IV.430
ferīna -ae *f* I.215
ferīre I.103,115; IV.580
ferre: fertur I.15
ferre sē I.314,503; IV.11
ferrum -ī *n* (gladius) I.350,355,527;
   IV.547,580,601,626,663
fervēre IV.409,567
festīnāre IV.575
fēstus -a -um IV.459
fētus -a -um I.51
fībula -ae *f* IV.139
fictus -a -um (*part* < fingere) IV.188
fidūcia -ae *f* I.132
fīgere -xisse -xum I.687(ōscula);
   IV.70
fīnēs -ium *m pl* I.339,564,570,620;
   IV.211,616
fingere fīnxisse fictum IV.148,188,
   338
flagrāre I.710
flāmen -inis *n* IV.241
flamma -ae *f* I.44,176,179,213,673,
   679,704,727; IV.23,66,567,594,
   605,607,670
flammātus -a -um I.50
flāvēns -entis *adi* IV.590
flāvus -a -um I.592; IV.559
flectere flexisse flexum IV.35, 369
   (lūmina)
flētus -ūs *m* IV.369,437,439,463
flūctuāre IV.532
fluenta -ōrum *n pl* IV.143
fluere flūxisse I.320

fodere -iō fōdisse fossum I.(427)
foedus -eris *n* IV.339,520,624
fōmes -itis *m* I.176
foret forent = esset essent I.(576)
fōrma -ae *f* I.27,72,496
fors -rtis *f* I.377
forsan I.203; IV.19
fortūnātus -a -um I.437
forus -ī *m* IV.605
fovēre fōvisse fōtum I.18,692,718;
 IV.193, 218
frāternus -a -um IV.21
fraudāre (+*abl*) IV.355
fremere I.559; IV.146,229,668
frēnāre I.54,523
frēnum -ī *n* IV.135
fretum -ī *n; pl* I.557,607
frētus -a -um IV.245
frondēns -entis *adi* IV.399
frondeus -a -um I.191
frōns frondis *f* IV.148,459,506
frustum -ī *n* I.212
fugāre I.143
fulcīre -sisse -tum IV.247
fulgēre -sisse IV.167
fulmineus -a -um IV.580
fulvus -a -um IV.159,261
fūnāle -is *n* I.727
fundāmentum -ī *n* I.428; IV.266
fundāre IV.260
fundere I.193,214; IV.621
fūnereus -a -um IV.507
fūnis -is *m* IV.575
fūnus -eris *n* IV.308,500,618
furēns -entis (*part* < furere) I.51,491,
 659; IV.65,69,283,298,465,670
furere I.107; IV.42
furiae -ārum *f pl*, I.41; IV.376,474
furibundus -a -um IV.646
furor -ōris *m* I.348; IV.433,501
fūrtīvus -a -um IV.171
fūrtō *adv* IV.337
G
galea -ae *f* I.101
gāza -ae *f* I.119
gemere -uisse I.465
geminus -a -um I.162,744
gemitus -ūs *m* I.485; IV.409,667
genetrīx -īcis *f* I.590,689; IV.227
genitor -ōris *m* I.621,677,716; IV.84,
 208
genus -eris *n* I.6,28,132,380,526,539,
 542,565,743; IV.12,230,365,606,
 622
geōrgicus -a -um pāg.6.4
germāna -ae *f* I.351; IV.478,492,501
germānus -ī *m* I.341,346; IV.44
gess- < gerere I.336,567
gestāre I.336,567
gignere genuisse genitum pāg.6.16;
 I.606,618; IV.366
glaeba -ae *f* I.531

glomerāre I.500; IV.155
gradī -ior I.312,411,501; IV.147
gradus -ūs *m* I.448
grandō -inis *f* IV.161
grandaevus -a -um I.121
grātārī + *dat* IV.478
grātēs *f pl* I.600
gravidus -a -um IV.229
graviter (commōtus) I.126
gressus -ūs *m* I.401,410,690
gurges -itis *m* I.118
H
habilis -e I.318
habitus -ūs *m* I.315
hāc *adv* I.467,468
haerēre -sisse -sum I.476,495,718;
 IV.4,73,280,614
hālāre I.417
harēna -ae *f* I.107,112,172,540;
 IV.620
harundō -inis *f* IV.73
hastīle -is *n* I.313
haurīre -sisse -stum I.738(pateram);
 IV.359(vōcem),383(supplicia);661
 (oculīs)
hēia! IV.569
hērēs -ēdis *m* IV.274
hērōs -ōis *m* I.196
hībernus -a -um I.746; IV.143,309
hiems -mis *f* I.122,125
hinc atque hinc I.162,500
honōs -ōris *m* I.28,49,335,591,609,
 632,736; IV.4,207,458
horrendus -a -um IV.181,454
horrēns -entis *adi* I.165,311;634;
 IV.366
horridus -a -um IV.378
horrificāre IV.465
horror -ōris *m* IV.280
hospitium -ī *n* I.540,672; IV.51
hostia -ae *f* I.334
hūmāre (I.353)
hymenaeī -ōrum *m pl* I.651; IV.316
I
iactāre sē I.140
iaculārī I.42
iam... iam IV.157
iam-dūdum *adv* I.580; IV.1,362
iaspis -idis *f* IV.261
ibīdem adv I.116
-ier *īnf pass* = -ī IV.493
-ierat = -īverat I.20
ignārus -a -um + *gen* I.198,332,630;
 IV.508
igneus -a -um IV.352
-iit = -īvit I.451; IV.220
īlex -icis *f* IV.505
immānis -e I.110,139,347,428,616;
 IV. 199,642
im-memor -is *adi* IV.194
im-minēre + *dat* I.165,420
im-miscēre IV.570

im-mītis -e I.30
im-mittere IV.488,669
im-mōtus -a -um IV.15,331,449
im-pār -paris *adi* I.475
im-pellere -pulisse -pulsum I.11,82;
 IV.23,594
im-pius -a -um I.349; IV.298,496,596
im-plēre -ēvisse -ētum I.716
im-plicāre + *dat* I.660
im-plōrāre IV.617
im-precārī IV.629
im-prōvīsus -a -um I.595
in-ānis -e I.464,476; IV.210,218,433,
 449
in-cautus -a -um I.350; IV.70
in-cēdere I.46,497,690; IV.141
in-cendere -disse -cēnsum I.660,727;
 IV.197,300,360,376
incendium -ī *n* I.566
incēnsus -a -um IV.54,300
inceptum -ī *n* I.37; IV.452
inceptus -a -um (< incipere) IV.316
incessus -ūs *m* I.405
in-cīdere -disse -sum IV.575
in-cognitus -a -um I.515
in-comitātus -a -um IV.467
in-concessus -a -um I.651
in-crepitāre I.738
in-cubāre I.89; IV.83
in-cultus -a -um I.308
in-cumbere -cubuisse -cubitum I.84;
 IV.397,650
in-cūsāre I.410
in-cutere -iō -ssisse -ssum I.69
inde (= deinde) II.2
in-dīcere I.632
indignārī I.55
indulgēre IV.51
in-ers -ertis *adi* IV.158
in-expertus -a -um IV.415
īn-fabricātus -a -um IV.400
īn-fandus -a -um I.525,597; II.3;
 IV.85, 613
īnfēnsus -a -um IV.321
īn-fectus -a -um; *n pl* IV.190
īn-ferre in-tulisse il-lātum I.6; sē īn-
 ferre I.439; IV.142; *pass* IV.545
īn-fīgere I.45; IV.4
īn-flammāre IV.54
īn-flectere IV.22
īn-frēnus -a -um IV.41
in-gemere I.93; IV.369
ingemināre I.747; IV.531
in-gredī -gressum IV.177
in-hospitus -a -um IV.41
in-hūmātus -a -um I.353; IV.620
in-īquus -a -um IV.618
in-līdere -sisse -sum I.112
in-*līl-lūdere* IV.591
in-nectere IV.51
in-ops -opis *adi* IV.300
in-rīdēre -sisse -sum IV.534

72

73

74

plūrimus -a -um *sup* I.419
pluvius -a -um I.744
poenās dare/recipere IV.386,656
polus -ī *m* I.90,608; IV.7
pondus -eris *n* I.359
pontus -ī *m* I.40,70,88,114,124,556
populārī/-āre I.527
poscere I.414; IV.50
post *adv* I.612
post-habēre I.16
potēns -entis *adi* I.80,531
potentia -ae *f* I.664
potior -ius -ōris *comp* IV.287
potīrī+*abl* I.172; IV.217
praeceps -cipitis *adi* IV.253,565,573
prae-cipere -iō -cēpisse -ceptum
 pāg.6.7
praecipitāre II.9; IV.565
prae-clārus -a -um IV.655
praeda -ae *f* I.210,528
praedictum -ī *n* IV.464
prae-mittere I.644
praeruptus -a -um I.105
prae-sentīre IV.297
praestāns -antis *adi* I.71
prae-stāre I.135
prae-tendere IV.339
praetereā I.49
praeter-īre IV.157
prae-texere IV.172,500
prae-vertere I.721
premere I.324(cursum),467; IV.81
prīmī -ōrum *m pl* IV.133
prīncipiō IV.56
prō! IV.590
procāx -ācis *adi* I.536
procella -ae *f* I.85,102
procerēs -um *m pl* I.740
procus -ī *m* IV.534
prō-dere -didisse -ditum I.470;
 IV.231,431
pro-fārī I.561; IV.364
profugus -a -um I.2
profundus -a -um IV.26
prōgeniēs -ēī *f* I.19
prō-gignere IV.180
prōlēs -is *f* I.75; IV.236
prō-luere I.739
prō-merērī IV.335
prōnuba -ae *f* IV.166
prōnus -a -um I.115
propius *adv comp* I.526
prō-pōnere pāg.6.1,3,5
propter *prp* (*post posita*) IV.320,321
prōpugnāculum -ī *n* IV.87
prōra -ae *f* I.104
prōspectus -ūs *m* I.181
prō-spicere I.185
pudor -ōris *m* IV.27,55.322
pugnāre +*dat* IV.38
pulverulentus -a -um IV.155
pulvis -cris *m* I.478

puppis -is *f* (: nāvis) I.69
pūrgāre I.587
purpureus -a -um I.337,591; IV.139
pyra -ae *f* IV.494,504
Q
qua, sī qua I.603(*n pl*); IV.327(*f sg*)
quā *adv* I.83,401,418; I.676
quā *adv* sī/nē quā I.18,682
quae-cumque I.330, *vidē* quī-cumque
quālis -e I.498; IV.69,143,301
quam prīmum IV.631
quandō IV.291,315
quassāre I.551; IV.53
-que... -que I.18,43,85,87,88,94,218,
 477,514,598,612,732; IV.83,360,430,
 438,521,526, 581,589,605,629,671
querēlla -ae *f* IV.360
quī...? = quis...? I.459,615; IV.294,408
quic-quam = quid-quam IV.317
quī-cumque quae- quod- I.78;330;
 IV.627
quiēs -ētis *f* I.691; IV.5
quīn etiam IV.309; quīn +*imp* IV.547
quippe I.39; IV.218
quīre -eō -īvisse I.(710)
quīs = quibus I.95
quō-circā I.673
quod-cumque I.78, *vidē* quī-cumque
quondam adv I.421; IV.35,307
quotiēns *adv* IV.351,352
R
rabiēs -ēī *f* I.200
raptāre I.483
raptum -ī *n* IV.217
rārus -a -um (rēte) IV.131
ratis -is *f* (: nāvis) I.43; IV.540,593
-re *pass pers 2 sg* = -ris IV.32,625,626
recēns -entis *adi* I.417
recidīvus -a -im IV.344
re-cingere IV.518
re-clūdere -sisse -sum I.358; IV.646
re-condere -didisse -ditum I.681
re-cursāre IV.3
reductus -a -um I.161
redux -ucis *adi* 390
re-fellere -lisse IV.380
re-ferre (vōce) I.94,208; IV.31,333
re-fugere II.12
re-fulgēre -sisse I.402,588
re-fundere I.126
rēgālis -e I.637,686
regere (imperium) I.340
rēgius -a -um I.443,631,677,696;
 IV.221
rēgnātor -ōris *m* IV.269
rēgnum -ī *n* I.17,78,206,338,346,504,
 563,572,620; II.4; IV.47,194,199,
 214,267,275,350,355,374,381,432,
 591,619
reliquiae -ārum *f pl* I.30,598; IV.343
rēmex -igis *m* IV.588
re-movēre mēnsās I.216,723

re-nārrāre III.717
re-novāre II.3
re-pellere reppulisse -pulsum IV.214
re-petere I.372
re-plēre -ēvisse -ētum IV.189
re-pōnere; *part* re-postum I.26
requiēs -ētis *f, acc* -iem IV.433
re-quīrere I.217
rērī ratum IV.45
re-servāre IV.368
reses -idis *adi* I.722
re-sīdere -sēdisse I.506
re-signāre IV.244
re-solvere IV.27
re-sonāre IV.668
re-spectāre I.603
re-spicere -iō -spexisse -spectum IV.
 225,236,275
re-spondēre +*dat* I.585
re-stāre -stitisse I.556,588,679; IV.324
re-supīnus -a -um I.476
re-surgere I.206; IV.531
re-tegere I.356
retināculum -ī *n* IV.580
retrō *adv* IV.489
re-vellere -lisse -vulsum IV.427,545
re-vincīre IV.459
re-vīsere I.415; IV.396
re-vocāre I. 202(animōs), 214(vīrēs)
rigēre I.648
rīma -ae *f* I.123
rīte *adv* IV.555
rōbur -oris *n* IV.399
rogus -ī *m* IV.646
roseus -a -um I.402
rota -ae *f* I.147
rudēns -entis *m* I.87
ruere ruisse I.35,83,85; IV.132,164,
 429,581,669
ruīna -ae *f* I.129, *pl* I.647
rūpēs -is *f* 161,310,429
S
sacra -ōrum *n pl* IV.301,500
sacrāre IV.200
sacrātus -a -um I.681
saeculum -ī *n* I.606
saepīre -psisse -ptum I.411,439,506
saeta -ae *f* I.(634,702)
saevīre IV.(52),300,532
saevus -a -um I.25(dolor)
saltem adv I.557; IV.327
saltus -ūs *m* IV.72
salum -ī *n* I.537
sānctus -a -um IV.576
sanguineus -a -um IV.643
sanguis -inis *m* I.19,329,550; IV.191,
 230
satus -a -um (*part* < serere) IV.198
saucius -a -um IV.1
scaena -ae *f* I.164,429
scēptrum -ī *n* I.57,78,653; IV.597
scīlicet *adv* IV.379

scintilla -ae f I.174
scōpae -ārum f pl IV.(581)
scopulus -ī m I.45,145,163,166,180, 201; IV.255,383
sē-cēdere I.(159)
sēcessus -ūs m I.159
sē-clūdere -sisse -sum I.562
sēcrētus -a -um IV.494
sē-cum (dīcere/volvere...) I.37,50, 221; IV.475,533
secundus -a -um IV.45
sēcūrus -a -um I.350
sēdēs -is f I.84,205,415,557,681; IV.10,504
sedīle -is n I.167
sē-dūcere IV.385
sēgnis -e IV.149
sēmivir -ī adi IV.215
sēmita -ae f I.418
sēnsus -ūs m IV.22,408,422
sepelīre -īvisse sepultum pāg.6.14; IV.34
sepulcrum -ī n IV.29
serēnāre IV.477
serere sēvisse satum IV.198
seriēs -ēī f I.641
serta -ae f I.417; IV.506
servāre I.36; IV.29
sīdus -eris n I.93,103,608; II.9; IV.81, 309,322,489,520,524,578
signum -ī n I.443; IV.167
silex -icis m I.174
simulāre I.209,352,710; IV.512
sinus -ūs m I.161; I.320; IV.30
sistere IV.489
sociāre I.600; IV.16
socius -ī m IV.142,375
sōlārī IV.394
solium -ī n I.506
solēre -uisse/-itum esse (dēp) I.730
sollicitāre IV.380
solvere I.92,463,562; IV.55,479,487, 530
somnōs carpere/dūcere IV.555,560
sonāre -uisse I.200,328; IV.149,183
sonipēs -edis m IV.135
sonōrus -a -um I.53
sōpīre I.680
sopor -ōris m IV.522
sors sortis f I.139,508; IV.346,377
spargere -sisse -sum IV.665
spatiārī IV.62
spatium -ī n IV.433
speciēs -ēī f IV.170
specula -ae f IV.586
speculārī I.516
spēlunca -ae f IV.165
spērāre I.543; IV.292,419
spernere sprēvisse sprētum I.27
spīrāre I.404(odōrem); IV.562(ventī)
spīritus -us m IV.336
splendidus -a -um I.637

spolia -ōrum n pl I.486
sponda -ae f I.698
sponte abl f IV.341,361
spūma -ae f I.35; IV.583
spūmāre I.324,739; IV.135,158,665
stabilis -e I.73
stāgnum -ī n I.126
statuere -uisse -ūtum I.573,724; IV.655
stēllātus -a -um IV.261
sternere strāvisse strātum I.190
stimulāre IV.302,576
stīpāre I.497; IV.136,544
stirps -pis f I.626; IV.622
strātum -ī n I.422; IV.82,392
strīdēre I.102,449; IV.185
strīdor -ōris m I.87
stringere -īnxisse -ictum I.552; IV.580
struere I.704; IV.235,271
studēre pāg.5.13; I.551,573
sub-īre I.171
sublīmis -e I.415; IV.240
sub-mittere + dat IV.414
sub-nectere I.492; IV.139,217
subnīxus -a -um I.506
subolēs -is f IV.328
sub-rigere -rēxisse -rēctum IV.183
subter adv IV.182
sub-volvere I.424
suc-cēdere I.627; IV.10
suc-cingere; suc-cīnctus + abl I.323
suc-cumbere -cubuisse IV.19
suc-currere I.630
suf-ficere -iō -fēcisse -fectum pāg.5.17
sulcus -ī m I.425
summa -ae f IV.237
suntō imp fut pers 3 pl IV.624
super adv IV.507
superbia -ae f I.229
superbus -a -um I.639,697; IV.540
super-ēminēre I.501
super-esse I.383
superfluus -a -um pāg.6.9
superī -ōrum m pl I.4; IV.379
super-impōnere IV.497
supīnus -a -um IV.205
supplex -icis adi I.49,64,666; IV.205, 414,419,535; adv suppliciter I.481
suprā prp (post posita) IV.240
suprā-scrībere pāg.6.15
sūra -ae f I.337
surgere sur-rēxisse I.582(animō); IV.43,47,129,274,352
sūs suis m/f I.635
sus-cipere -iō -cēpisse -ceptum I.175, IV.327,391
sus-pendere -disse -pēnsum I.318
suspēnsus -a -um IV.9
su-spīrāre I.371
syrtis -is f I.111,146; IV.41

T
tābēre I.173
tabula -ae f I.119
taeda -ae f IV.339,505
taedēre; taedet IV.451
tālāria -ium n pl IV.239
tālus -ī m IV.(239)
tandem...? I.331,369; IV.349
tangere tetigisse tāctum IV.596
tardus -a -um I.746
taurīnus -a -um I.368
tēctum -ī n I.425,632,638,725,730; IV.260,457,494
tegere tēxisse tēctum IV.477
tegmen -inis n I.323
tēla -ae f IV.264
tellūs -ūris f I.34,171,358; IV.24,275
tēlum -ī n I.99,188,191,665; IV.71, 149,260,594
temnere tēmpsisse temptum I.542,665
temperāre I.57,146; II.8
templum -ī n IV.457
temptāre I.721; IV.293,413
tenāx -ācis adi IV.188
tendere tetendisse tentum I.18,93,205, 410,487,554,656
tenēre I.12,308
tentōrium -ī n I.469
tenuis -e, IV.278 (aura)
tenus prp (post posita) + abl I.737
terere trīvisse trītum IV.271
tergeminus -a -um IV.511
tergum -ī n I.368
tergus -oris n I.211
terminus -ī m IV.614
terrificāre IV.210
territāre IV.187
testārī IV.357,492,519
testūdō -inis f I.505
texere -uisse -xtum I.649
thalamus -ī m IV.133,392,495
thēsaurus -ī m I.359
tigris -is f IV.367
tingere tīnxisse tīnctum I.745
toga virīlis pāg.5.6
tonāre -uisse -itum IV.510
tondēre totondisse tōnsum I.702
torquēre -sisse -tum I.108,117; IV. 208,220,269,482
torrēre I.179
tortus -a -um (part < torquēre) IV.575
torus -ī m I.708; II.2; IV.207,508,650, 659
totidem I.705; IV.183
totiēns adv I.407; IV.536
trabs -bis f I.449,552; IV.566
tractābilis -e IV.53,439
trahere I.748
trā-icere -iō -iēcisse -iectum I.355
trā-nāre IV.245
trāns-fīgere I.44
trāns-gredī -gressum pāg.5.7

trāns-mittere IV.154
trānstrum -ī n IV.573
tri-dēns -entis m I.138,145
trīs *acc pl* = trēs I.108,110,184
trietēricus -a -um IV.302
triennium -ī n pāg.6.3
triumphus -ī m IV.37
trivium -ī n IV.609
tuērī I.713; IV.362,451
tumidus -a -um I.142
tundere tutudisse tūnsum I.481
turbo -inis m I.45,83,442,511
tūricremus -a -um IV.453
turris -is f IV.86,187
tūs tūris n I.417
tūtus -a -um IV.88; n I.391
U
ūber -eris n I.231; IV.367
ubi I.81,405,592,715; IV.80,143,302,
    474
ulcīscī ultum IV.656
ultor -ōris m IV.625
ultrīx -īcis f IV.610
ultrō *adv* IV.304
-um *gen pl dēcl II* = -ōrum I.4,9,30,
    40,46,65,79,87,96,101,119,555,598,
    632,754; III.717; IV.48,62,195,204,
    228,268,356,378,396
ululāre IV.168,609
ululātus -ūs m IV.667
umbra -ae f (: tenebrae) IV.7,184;
    pl I.547; IV.351,571,660
ūmectāre I.465
ūmēns -entis *adi* IV.7; IV.351
ūnā *adv* I.85
uncus -a -um I.169
ūn-animus -a -um IV.8

unda -ae f I.100,104,106,119,127,
    147,161,177,383,442,537,596,618;
    IV.253,381,600,628
unde pāg.6.7
undique adv IV.417
undōsus -a -um IV.313
ungere ūnxisse ūnctum IV.398
urgēre I.111
ursa -ae f I.(744)
ūsus -ūs m IV.647
ut (= quōmodo) II.4
ut prīmum I.306
utī (= ut) I.466
uxōrius -a -um IV.266
V
vacāre I.373
vacca -ae f IV.61
vādere -sisse IV.223
vadum -ī n I.112,126,536
vagārī IV.68
vāgīna -ae f IV.579
vānus -a -um I.352; IV.12
vāstāre I.471,622
vāstus -a -um I.52,86,118,146,333
vātēs -is m/f IV.65,464
vēla dare I.35
vēlāmen -inis n I.649,711
velle +acc+īnf I.626,629
vellus -eris n IV.459
vēlum -ī n I.469
vēnābulum -ī n IV.131
vēnātrīx -īcis f I.319
venēnum -ī n I.688
venia -ae f I.519; IV.50,435
venīre: *pass* ventum (est) IV.151
verrere I.583
versāre I.657; IV.284,563,630

vertere I.20; I.528
vertex -icis m I.114,117,163; I.403;
    IV.152,168,247
verū -ūs n I.212
vescī +abl I.546
Vesper -erī m (stēlla) I.374
vexāre IV.615
via -ae f I.358; IV.478
vicissim *adv* IV.80
vīctus -ūs m I.214,445
vigēre IV.175
vigil -is *adi* IV.182,200
villus -ī m I.702
vincīre vīnxisse vīnctum I.337
vinclum -ī n I.54; IV.16,59,518
vindicāre IV.228
violāre IV.27
virīlis -e pāg.5.6
vīs +gen pl IV.132
vīsus -ūs m IV.277
vītālis -e I.388
vīvus -a -um I.167
volātilis -e IV.71
volucris -is f IV.525
volūtāre I.50,725; IV.533
volvere -visse volūtum I.9,22,86.101,
    116,305; IV.363,449,524,671
vorāre I.117
vōs-met I.207
vōtum -ī n IV.65,158
vōx vōcis f, pl I.64,409,671
vulgāre I.457
vulgus -ī n I.190
vulnus -eris n I.36
Z
Zephyrus -ī m I.131; IV.223,562

Verbum passīvum (quasi dēpōnēns) + accūsātīvus

I.320   sin*ūs* collēcta (: postquam sinūs collēgit)
I.481   tūnsae pector*a* (: pectora tundentēs)
I.561   vult*um* dēmissa (: quae vultum dēmīsit)
I.579   anim*um* arrēctī
I.658   faci*em* mūtātus et ōr*a*
I.713   explēr*ī* ment*em* nequit
IV.137   chlamyd*em* circumdata
IV.216   ment*um* mitrā crīn*em*que... subnexus

IV.493   magic*ās* accingier art*īs*
IV.509   crīn*īs* effūsa
IV.518   ūn*um* exūta ped*em*
IV.589   pect*us* percussa decōr*um*
IV.590   flāvent*īs*que abscissa com*ās*
IV.644   trement*īs* interfūsa gen*ās*
IV.659   *ōs* impressa torō

Eurus -ī *m*, ventus quī ab oriente/me-
rīdiē flat I.85,110,131,140,383
F
Fāma -ae *f*, dea IV.173,174,298,666
G
Gaetūlī -ōrum *m pl*, gēns Āfricae; *adi*
Gaetūlus -a -um IV.40; *m* IV.326
Ganymēdēs -is *m*, Iovis minister vīnī,
Trōiā raptus I.28
Garamantēs -ium *m pl*, gēns Libyae;
adi Garamantis -idis *f*, Nympha
IV.198
Geōrgica -ōrum *n pl*, opus Vergiliī
pāg.6.5
Grāiī -ōrum *m pl* = Graecī I.467,530;
IV.228
Grȳnium -ī *n*, cīvitās Asiae Apollinī
sacra; *adi* Grȳnēus -a -um IV.345
Gyās -ae *m*, Trōiānus I.612
H
Hammō -ōnis *m*, deus Āfricae sum-
mus (= Iuppiter) IV.198
Hannibal -is *m*, dux Poenōrum bellō
Pūnicō secundō IV.(625)
Hecatē -ēs *f*, dea Īnferōrum IV.511,
609
Hector -oris *m*, Priamī filius, dux
Trōiānōrum fortissimus, ab Achille
occīsus I.99,483,750
Helena -ae *f*, filia Iovis et Lēdae,
uxor Menelāī, ā Paride rapta I.650
Hesperia -ae *f*, 'terra occidentis',
Italia I.530, 569; IV.355
Hyadēs -ium *f pl*, sīdus I.744
Hyrcānia -ae *f*, regiō Asiae longin-
qua; *adi* Hyrcānus -a -um IV.367
I
Iarbas -ae *m*, rēx Gaetūlōrum IV.36,
196,326
Īdalia -ae *f*, **Īdalium** -ī *n*, urbs Cyprī
I.693,681
Īliacus -a -um, *vidē* Īlium
Īliadēs -um *f pl*, Trōiānae I.480
Īlionē -ae *f*, Priamī filia, rēgīna Thrā-
ciae I.653
Īlioneus -ī *m*, Trōiānus I.120,521,
559,611
Īlium -ī *n*, Trōia, urbs Asiae; *adi* Īlia-
cus -a -um, Trōiānus I.97,456,483,
647; IV.46,78,537,648
Īōpās -ae *m*, fidicen Tyrius I.740
Italia -ae *f* I.2,13,38,68,380,533,553,
554; IV.230,275,345,346,361,381;
incolae: Italī -ōrum *m pl* I.109
Iūlus -ī *m*, Acnēae filius (= Ascanius)
I.556,690,709; IV.140,274,616
Iūnō -ōnis *f* I.4,15,48,64,130,443,668,
734; IV.45,59,166,371,608; *adi* Iūnōnius -a -um I.671
Iuppiter Iovis *m*, rēx deōrum I.42,46,
78,380,522,731; IV.199,205,206,
331,356,377,590,614

K
Karthāgō -inis *f*, urbs Āfricae ā Tyriīs
condita I.13,366; IV.224,265,347,
670
L
Laomedōn -ontis *m*, rēx Trōiānōrum,
pater Priamī; *adi* Laomedonteus -a
-um IV.542
Latium -ī *n*, regiō Italiae I.6,31,205,
554; IV.432; *adi* Latīnus -a -um I.6
Lātōna -ae *f*, Diānae māter I.502
Lāvīnium -ī *n*, oppidum Latiī ab
Aenēā conditum I.(2); *adi* Lāvīnius
-a -um I.2; IV.236
Lēda -ae *f*, māter Helenae I.652
Lēnaeus -a -um = Lyaeus IV.207
Libya -ae *f*, Āfrica I.22,158,384,556,
577; IV.36; *adi* Libycus -a -um
I.339,377,527,596; IV.173,271,
320,348
Lucrētius Cinna, cōnsul annō 19
a.C. *pāg*.6.12
Lyaeus -ī *m* = Bacchus I.(686); IV.58;
adi Lyaeus -a -um I.686
Lycia -ae *f*, regiō Asiae I.(100); IV.
143; incolae: Lyciī -ōrum *m pl*, sociī
Priamī I.113; *adi* Lycius -a -um IV.
346,377
M
Maecēnās -ātis *m*, patrōnus poētārum
pāg.5.19; *pāg*.6.4
Maeonia = Lȳdia, regiō Asiae; *adi*
Maeonius -a -um IV.216
Magia -ae *f*, māter Vergiliī, *pāg*.5.10
Mantua -ae *f*, cīvitās Venetiae, *pāg*.
5.3; *pāg*. 6.16; *adi* Mantuānus -a
-um *pāg*.5.10,17
Mānēs -ium *m pl*, diī, animae homi-
num mortuōrum IV.34,387,427,490
Marō -ōnis *m*, Vergiliī cognōmen,
pāg.5.2
Massȳlī -ōrum *m pl*, gēns Libyae; *adi*
Massȳlus -a -um, Libycus IV.132,
483
Maurētānia -ae *f*, regiō Āfricae; *adi*
Maurūsius -a -um IV.206
Mediolānum -ī *n*, cīvitās trāns
Padum sita *pāg*.5.6,12
Memnōn -onis *m*, rēx Aethiopiae,
Priamī socius I.489,(751)
Mercurius -ī *m*, deus, filius Iovis,
nūntius deōrum IV.222,558
Mnestheus -ī *m*, Trōiānus IV.288
Mūsa -ae *f*, dea (artis poēticae) I.8
Mycēnae -ārum *f pl*, urbs Pelopon-
nēsī I.650
N
Neāpolis -is (*acc* -im) *f*, urbs Campā-
niae maritima *pāg*.5.13; *pāg*.6.13
Neptūnus -ī *m*, deus maris I.125
Nomadēs -um *m pl* = Numidae
IV.320,535

Notus -ī *m*, ventus quī ā merīdiē flat
I.85,108,575
Numidae -ārum *m pl*, gēns Āfricae
IV.41
Nymphae -ārum *f pl*, dea silvārum,
flūminum, montium I.71,168,329;
IV.168,198
O
Ōceanus -ī *m*, mare māximum I.745
Oenōtrī -ōrum *m pl*, Italī antīquī
I.532
Oīleus -ī *m*, pater Āiācis I.41
Olympus -ī *m*, mōns Graeciae altissi-
mus, sēdēs deōrum I.374; IV.268
Orcus -ī *m* = Plūtō, deus Īnferōrum;
Īnferī IV.242
Orēadēs -um *f pl*, Nymphae montium
I.500
Orontēs -is/-ī *m*, Trōiānus I.113,220
Ōrīōn -onis *m*, sīdus I.535; IV.52
P
Pallās -adis *f*, Minerva I.39,479
Paphus -ī *f*, oppidum Cyprī cum
templō Veneris I.415
Parcae -ārum *f pl*, deae fātī trēs I.22
Paris -idis *m*, Priamī filius, quī
Helenam rapuit I.27; IV.215
Parius -a -um < Paros -ī *f*, īnsula
Graeca I.593
Parthenopē -ēs *f* = Neāpolis *pāg*.6.17
Pelasgus -a -um, Graecus I.624
Penātēs -ium *m pl*, diī quī domum vel
patriam tuentur I.68,378,527,704;
IV.21,598
Penthesilēa -ae *f*, rēgīna Amāzonum
I.490
Pergama -ōrum *n pl*, arx Trōiae
I.466,651; IV.344,426
Phoebus -ī *m*, Apollō deus sōlis I.329;
IV.58; *adi* Phoebeus -a -um IV.6
Phoenīcē -ēs *f*, regiō Syriae maritima;
incolae: Phoenīcēs -um *m pl* I.344,
Phoenissa -ae *f sg*, Dīdō 670,714;
IV.348,529
Phrygia -ae *f*, regiō Asiae ubi sita
erat Trōia I.(182), *adi* Phrygius -a
-um I.182,381,618; incolae: Phrygēs
-um *m pl*, Trōiānī I.468; Phrygiī
-ōrum *m pl* IV.140
Poenī -ōrum *m pl*, Phoenīcēs, Karthā-
giniēnsēs I.442,567; IV.134; *adi*
Pūnicus -a -um I.338; IV.49
Pōlliō -ōnis, **C. Asinius**, cōnsul annō
40 a.C., patrōnus poētārum *pāg*.5.
19; *pāg*.6.1
Pompēius Magnus, Cn., cōnsul annō
70 a.C. *pāg*.5.3
Priamus -ī *m*, rēx Trōiānōrum I.458,
461,487,654,750; IV.343
Pūnicus -a -um, *vidē* Poenī
Pygmaliōn -ōnis *m*, rēx Tyrī, Dīdōnis
frāter I.347,364; IV.325

79

R

Rōma -ae f, urbs Latiī ā Rōmulō condita pāg.5.7,18; I.7; adi Rōmānus -a -um I.33; IV.234,275

Rhēsus -ī m, rēx Thrāciae, Priamī socius I.469

Rutulī -ōrum m pl, gēns Latiī, hostēs Aenēae IV.(615)

S

Saba -ae f, cīvitās Arabiae I.(416); adi Sabaeus -a -um I.416

Samos -ī f, īnsula maris Aegaeī cum templō Iūnōnis I.16

Sarpēdōn -onis m, rēx Lyciae, Priamī socius, ad Trōiam occīsus I.100

Sāturnia -ae f, Iūnō, fīlia Sāturnī I.23

Sāturnius -a -um < Sāturnus I.569; IV.372

Scyllaeus -a -um < Scylla I.200

Sentius Sāturnīnus, cōnsul annō 19 a.C. pāg 6.12

Serestus -ī m, Trōiānus I.611; IV.288

Sergestus -ī m, Trōiānus I.510; IV.288

Servius -ī m, grammaticus Latīnus, quī librōs scrīpsit dē operibus Vergiliī, pāg.5.8

Sīcania -ae f, Sicilia I.557

Sicilia -ae f, adi Siculus -a -um I.34, 549

Sīdōn -ōnis f, urbs Phoenīcēs I.(446), 619; adi Sīdōnius -a -um I.446,613, 678, IV.75,137,545

Simoīs -entis m, fluvius ad Trōiam I.100,618

Sōl -is m, deus sōlis I.568,742; IV.607

Suētōnius Tranquillus, C., auctor librōrum De virīs illūstribus et De vītā Caesarum, pāg. 5.1; pāg. 6.11

Sychaeus -ī m, Tyrius, Dīdōnis marītus I.343,348,720; IV.20,502

Syrtis -is f, in Āfricā, sinus cum vadīs perīculōsīs IV.41

T

Tartara -ōrum n pl, Īnferī IV.243

Tellūs -ūris f, Terra, dea IV.166

Terra -ae f, dea IV.178

Teucer -crī m, prīmus rēx Trōiae, cuius fīlia Dardanō nūpsit IV.230

Teucer -crī m, dux Graecus quī Sīdōne ā Belō rēge receptus est I.619

Teucrī -ōrum m pl, Trōiānī I.38,89, 511,555, 562,625, 626; IV.48,349, 397,537

Thyias -adis f, Baccha IV.302

Tiberīnus -a -um < Tiberis I.13

Tīthōnus -ī m, fīlius Laomedontis, marītus Aurōrae, pater Memnonis IV.585

Trīnacrius -a -um, Siculus I.196

Triōnēs -um m pl, Septentriōnēs, sīdus I.744

Tritōn -ōnis m, Neptūnī fīlius I.144

Trōia -ae f I.1,24,95,206,375,376, 473,565,597,679,732; II.11; IV. 312,313; adi Trōiānus -a -um I.19, 191,467,550,624, 699; II.4; IV.162, 165,342,425; Trōius -a -um I.119, 596; Trōēs -um m pl, Trōiānī I.30, 129,172,747; Trōs -is m sg, Trōiānus I.574

Trōilus -ī m, fīlius Priamī I.474

Tucca -ae m, amīcus Vergiliī pāg.6.9

Tȳdeus -ī m, pater Diomēdis I.(97)

Tȳdīdēs -ae m, Diomēdēs, Tȳdeī fīlius, dux Graecōrum I.97,471

Typhōeus -a -um I.665 < Typhoeus -ī m, mōnstrum ā Iove occīsus

Tyros -ī f, urbs Phoenīcēs I.346; IV. 36,44,670; adi Tyrius -a -um I.12, 20,336,340,388,568; IV.162,.224, 262; Tyriī -ōrum m pl, cīvēs I.338, 423,468,544,696,707,732,735,747; IV.321,622; Tyrius -ī m sg I.574

Tyrrhenus -a -um, aequor (mare) Tyrrhēnum I.67

V

Varius Rūfus, L., poēta, amīcus Vergiliī pāg.6.9

Venetia-ae f, regiō Italiae trāns ōstium Padī pāg.5.11

Venus -eris f, dea amōris, māter Aenēae I.325,335,386,411,618,691; IV.33,163

Vergilius -ī m, pater Vergiliī poētae, pāg.5.10

Vergilius Marō, P., poēta Rōmānus, pāg.5.2,5,6,9; pāg.6.12

Vesper -erī m, stēlla vesperī I.374

X

Xanthus -ī m, (1) fluvius ad Trōiam (= Scamander -drī m) I.473; (2) fluvius Lyciae IV.143

Z

Zephyrus -ī m, ventus quī ab occidente flat I.131; IV.223,562

80

Dīdō et Aenēās vēnātum eunt

Imāgō reperta in solō vīllae in Britanniā (Low Ham)

Dīdō et Aenēās in eandem spēluncam dēveniunt

Imāgō picta in pāginā librī manū scrīptī antīquissimī (MS Vat. Lat. 3867)